シャンソンと日本人

生明俊

a pilot of wisdom

目次

「すみれの花咲く頃」が証明した日本語のシャンソンの魅力
それは「巴里の屋根の下」から始まった〜映画から聴こえてきたシャンソン
レコードの出現〜自宅でも聴けるようになったシャンソン
なぜこれほど売れたのか〜アルバム「シャンソン・ド・パリ」
シャンソンがシャンソンと呼ばれる時代の到来
「舞踏会の手帖」「港シャンソン」〜日本の流行歌にも現れたシャンソン

第3章　こうして日本のシャンソンは発展した〈戦後の出来事〉

ダミアの来日から始まったシャンソンのブーム
イヴェット・ジローが歌った家族で歌えるシャンソン
劇場・ホールの充実でにぎわうシャンソンのイベント
パリにはない「パリ祭」が日本に定着したのはなぜか
喫茶店でファンに育てられるシャンソン歌手たち
レコードの充実とレコード・コンサートの盛況
ラジオとも緊密になったシャンソン

図版作成／MOTHER

フランス

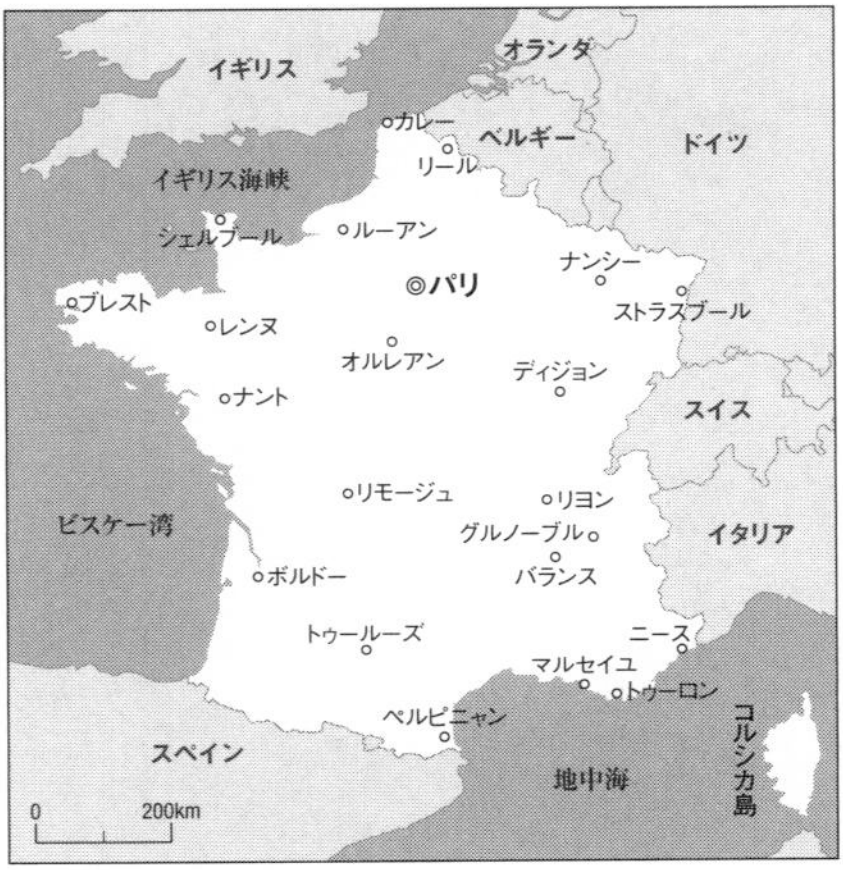
イギリス
オランダ
カレー
ベルギー
ドイツ
リール
イギリス海峡
シェルブール
ルーアン
ナンシー
パリ
ブレスト
ストラスブール
レンヌ
オルレアン
ディジョン
ナント
スイス
リモージュ
リヨン
ビスケー湾
グルノーブル
イタリア
バランス
ボルドー
ニース
トゥールーズ
マルセイユ
トゥーロン
ペルピニャン
コルシカ島
スペイン
地中海
0
200km

パリ中心部

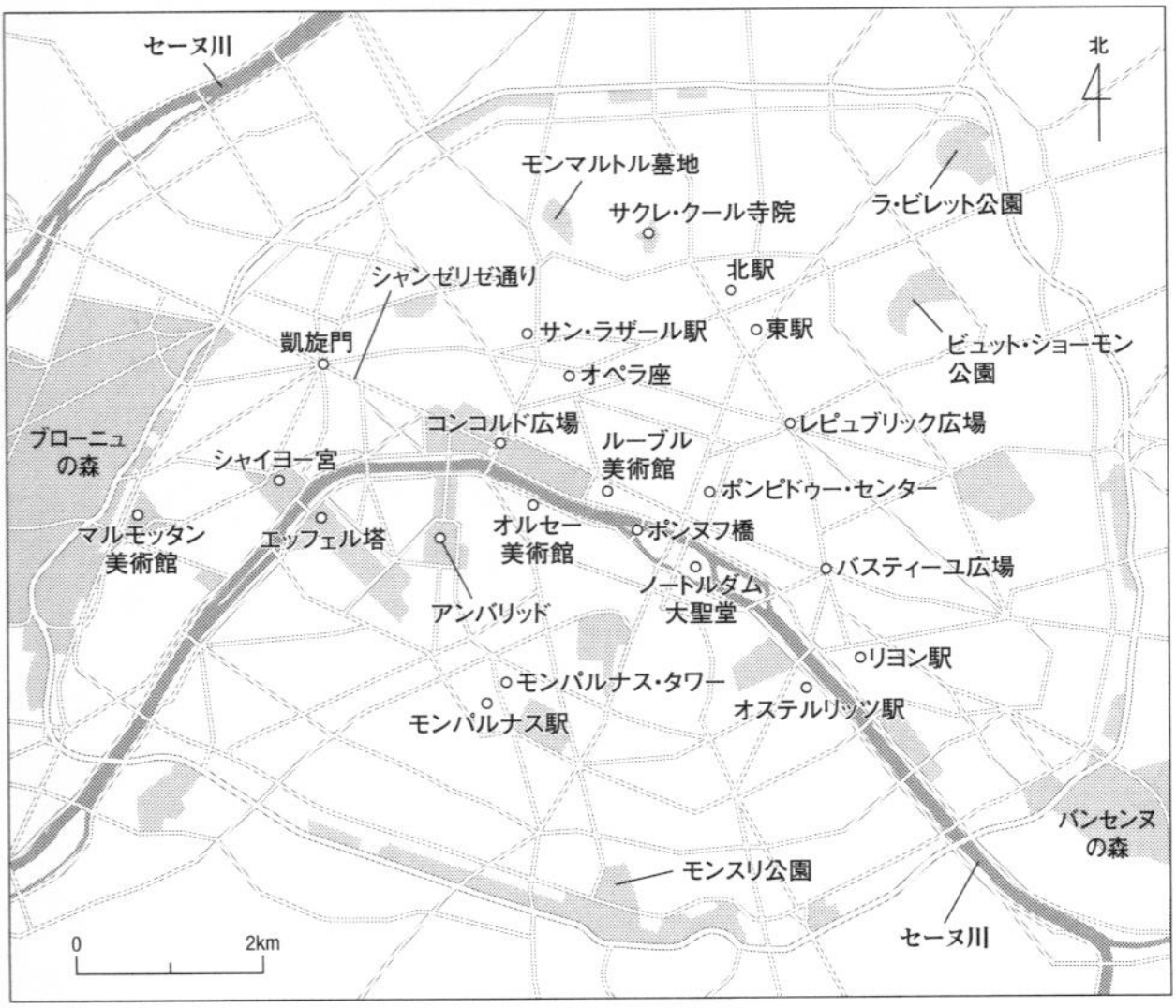
セーヌ川
北
モンマルトル墓地
サクレ・クール寺院
ラ・ビレット公園
北駅
シャンゼリゼ通り
サン・ラザール駅
東駅
凱旋門
ビュット・ショーモン
公園
オペラ座
コンコルド広場
ルーブル
美術館
レピュブリック広場
ブローニュ
の森
シャイヨー宮
ポンピドゥー・センター
マルモッタン
美術館
エッフェル塔
オルセー
美術館
ポンヌフ橋
バスティーユ広場
ノートルダム
大聖堂
アンバリッド
リヨン駅
モンパルナス・タワー
オステルリッツ駅
モンパルナス駅
バンセンヌ
の森
モンスリ公園
セーヌ川
0
2km

はじめに

西暦2020年という年は、世界中の人々にとって忘れられない年になった。新型コロナウイルス感染症という予想もしなかった疫病が突如出現し、それがあっという間に地球全体に蔓《まん》延《えん》して人々を苦しめた。多くの尊い命も奪われた。経済、政治、文化などあらゆる社会活動が影響を受け、東京オリンピック・パラリンピックをはじめ各種のスポーツ・イベントも、その多くが中止や延期を余儀なくされた。演劇の公演や音楽のライブやコンサートも、開催自粛となったり、無観客や入場者数制限の開催を強いられたりした。多くのアスリートやアーティストが活動の場を失い、ファンは楽しみの場を奪われることになった。

このような状況のなかで、この年の暮れには日本の音楽ファンにとって、もうひとつ残念なことが起こった。日本を代表する流行歌の作詞家、なかにし礼《れい》の逝去である。

太平洋戦争が終わって平和と繁栄がもたらされた昭和の後期から平成にかけては、日本の流行歌の発展期・最盛期となり、ポップス、演歌、フォーク、ニューミュージック、そしてJ―POPなどの大きな流れが相次いで生まれたが、なかにし礼はその多くの場面でヒット曲を書き続け、日本のポピュラー音楽を牽引《けんいん》した。

なかにし礼の死は、新聞・雑誌・ラジオはもとより、テレビでも追悼番組が放送されるなど、連日のコロナ報道とは別枠で大きく扱われた。それは彼が権威ある日本レコード大賞を3回も受賞した実力派の作詞家であったうえに、直木賞を受賞した作家でもあったからである。

なかにし礼にはもうひとつの顔があった。彼は20世紀になってフランスから日本にもたらされた音楽である、シャンソンの訳詞・作詞の第一人者でもあったのだ。

なかにし礼がシャンソンの訳詞を始めたのは昭和30年代の中頃で、シャンソン喫茶にお客やアルバイト店員として通ううちに、その店のステージで歌う歌手から、訳詞の依頼を受けたことがきっかけだった。

この分野での彼の最初の大きな成果は、1965（昭和40）年に歌手・菅原洋一のために訳詞した「知りたくないの」が、発売後徐々に人気が上昇し、2年後には80万枚の大ヒットとなったことである。それまでタンゴ歌手として知られていた菅原洋一は、この曲のヒットでシャンソン歌手として広く知られるようになった。そしてなかにし礼もシャンソンの訳詞家として名をあげた。

この成功がきっかけとなって、なかにし礼は「シェルブールの雨傘」「そして今は」「メケ・メケ」「さくらんぼの実る頃」など、シャンソンの名曲の名訳詞を次々と世に送りだした。シャンソンとのかかわりは、彼がその後流行歌の作詞家となってからも続くことになる。

シャンソンの訳詞家でもうひとり忘れてはならないのが岩谷《いわたに》時子である。宝塚歌劇団でスタッフとして働いていた彼女は、同劇団のスターで後にシャンソンの女王と呼ばれるようにもなる越路吹雪《こしじふぶき》と近しくなり、彼女のために1952（昭和27）年に日劇のショー「巴里《パリ》の唄」のテーマソングともなった「愛の讃歌《さんか》」を訳詞する。

それが成功してその後ふたりのコンビが生みだすシャンソンは、次々に日劇などの舞台にかけられヒットするようになる。それらは「枯葉」「バラ色の人生」「サン・トワ・マミー」「セ・シ・ボン」「ラストダンスは私に」「ろくでなし」など、枚挙にいとまがない。岩谷時子の才能は高く評価され、多くのシャンソン歌手が彼女の訳詞で歌うようになる。

やがて彼女もフランス語のシャンソンの訳詞だけではなく、日本製の流行歌の作詞も手がけるようになった。そこでも彼女の作詞は歌手や音楽ファンから評価され、多くのポピュラー歌手から新しい歌の提供を依頼されることになる。ザ・ピーナッツ、岸洋子、園《その》まり、加山雄三、郷ひろみなどは、岩谷の作品によって流行歌手としての地歩を固めた。

すでにシャンソンの訳詞の分野でも活躍を始めていた永田文夫、中原淳一、薩摩忠《さつまただし》などに加えて、このようになかにし礼、岩谷時子という優秀な訳詞家が現れたこともあって、フランス語のシャンソンは次々に魅力ある日本語の歌詞に訳詞され、それを歌う多くの歌手が育っていった。その過程で日本人のあいだに、シャンソンに対する親しみや愛着がはぐくまれ、シャンソンが日本で発展する要因となったことは間違いない。

外国生まれのポピュラー音楽が歌われることは、ジャズ、タンゴ、ラテン音楽、ハワイアンなどにも見られたことだが、シャンソンの場合は、その多くが原語のフランス語ではなく日本語で歌われたという点が特徴的である。それが日本でのシャンソンの流行を促した大きな要素であるといえるだろう。

しかし日本人のシャンソンの受容が進んだ要因はそれだけではない。日本で欧米の文化が受け入れられていく過程で、日本人にはフランス文化に対して、他の国の文化に対するものとは異なる、特別の憧憬《あこがれ》ともいえる心情が生まれていたことを見逃してはならない。

そもそも文明開化以後、日本では明治政府の近代国家建設のもとで、富国強兵、殖産興業が奨励され、ドイツを規範とする実学が重んじられた。しかし海外との交流が進んで、広くヨーロッパの実態を知るようになると、日本人はフランスに惹《ひ》きつけられていく。

政治、経済、産業の分野では、明治政府の要人がフランスに渡って多くを学んだ。2021（令和3）年のNHK大河ドラマ「青天を衝《つ》け」でその生涯が紹介された渋沢栄一も、1867（慶応3）年のパリ万博を機に徳川幕府から派遣されて約1年半滞在し、フランスの資本主義経済を学び日本に持ち帰った。

芸術の分野でも絵画、彫刻、文学など多くの分野の芸術家が、フランス文化の吸収に意欲を持った。それを先導したのは当時の日本の先駆的な文学者たちだった。

たとえば永井荷風は明治末期にフランスに渡り、リヨンに8ヶ月、パリに2ヶ月滞在したが、短期間の滞在にもかかわらず、その経験が荷風に与えた影響は大きかった。彼はフランス滞在記ともいえる『ふらんす物語』（1909＝明治42年）を発表したが、そのなかで「自分は何故一生涯巴里に居られないのであろう。何故仏蘭西《フランス》に生れなかったのであろうと、自分の運命を憤るよりははかなく思う」とフランスへの強い思いを吐露している。

また詩人・萩原朔太郎《はぎわらさくたろう》は「旅上」（1925＝大正14年）と題する詩に、「ふらんすへ行きたしと思えども　ふらんすはあまりに遠し　せめては新しき背広をきて　きままなる旅にいでてみん」とフランスに焦がれる気持ちを詠《うた》っている。

このようなこともあって、フランス文化、芸術の都パリへの憧憬は、この時期の日本の小説家や、画家、彫刻家などに大きく広がった。フランスに渡る日本人の芸術家は多くなり、住みつく者も少なくなかった。そういった芸術家の言動や作品に大きな影響を受け、日本人全体がフランスの文化への関心と憧れを高めていくことになった。

さらに日本が初参加した1867年のパリ万博がきっかけとなって、フランスの芸術家たちが、日本の絵画（特に浮世絵）、工芸品などに魅せられて、自らの作品にその要素を取り入れるようになる。それはフランスに生まれたジャポニズムと呼ばれる流れだったが、それが日本人のフランスの芸術作品への関心をさらに高めることにもなった。

日本の音楽家や音楽愛好家もこの流れとは無縁ではいられなかった。クラシックでも当初は3大〝B〟＝バッハ、ベートーヴェン、ブラームスに代表される、ドイツ音楽を正統なものと認識していたが、20世紀に入る頃からはドビュッシーやラヴェルに代表されるフランスの印象派の作曲家と、その抒情《じょじょう》的で奥深い音楽への関心が高まった。

そしてこの時期にポピュラー音楽としてのシャンソンがフランスの庶民の音楽として大きく台頭した。クラシック音楽はパリの富裕層や、アーティストが主催する高級サロンや、コンサート・ホールで育まれたのに対し、シャンソンは、セーヌ川岸地区で庶民が集まるキャバレーや、カフェ・コンセールなどと呼ばれた、中小規模のライブハウス（シャンソン小屋と呼ばれることもあった）で生まれ広がった。

このようにしてフランスに生まれて発達したシャンソンが、いよいよ日本に持ち込まれることになる。シャンソンが日本の観客の前で最初に演奏されたのは、昭和の初期に宝塚歌劇団（当時の名称は宝塚少女歌劇団）の演目として、パリを舞台とするレビュー「モン・パリ」が上演されたときのこととされる。このときに主題歌のシャンソン「モン・パリ」が日本語で歌われヒット曲になった。

これを皮切りに日本でのシャンソンの受容が始まった。日本でのデビューが宝塚のステージだったことはユニークだが、その後も映画、レコード、ラジオ、コンサートなどを通じて、戦後はそれにテレビも加わって、シャンソンは日本人の愛好する音楽として広がっていった。

さらに1950~1960年代にはタンゴ、ラテン、ハワイアンなどと並んで洋楽のなかでも人気のあるジャンルとなった。特に50年代後半から60年代前半にかけてはシャンソンの人気が突出した時期であり、マスコミでも〝シャンソン・ブーム〟が到来したといわれるようにもなった。

この時期のシャンソン人気を象徴する出来事のひとつに、1962(昭和37)年、NHKテレビの朝の時間に「くらしの窓」という番組が登場し、その司会者に人気シャンソン歌手の芦《あし》野宏《のひろし》が起用されたことがある。これによって全国の茶の間に、彼が歌うシャンソンが毎回2~3曲ずつ流れることになった。この番組は放送時間の変更もあったが、約4年間続いた。

本書では日本におけるシャンソンの、このような発展の経過を詳しくたどってみることにしたい。そのためにまずフランスにおけるシャンソンの発展経過を確認し、そのシャンソンがいつどのように日本に持ち込まれたのか、それを日本人はどのように受け入れ、どのように普及が進んだのかを見ていく。さらには外来のシャンソンが、日本製のポピュラー音楽として発展してきた流行歌に、どのような影響を及ぼしたのかも見ていきたいと思う。また日本ではシャンソンが他の外来音楽に比べて、はるかに広範囲の人々に受け入れられたという見方もある。なぜそういえるのかということも見極めたい。

さて、20世紀という長い時間のなかで発展を続けてきた日本のシャンソンも、昭和時代が終わりに近づいた80年代あたりから、徐々にその歩みに翳《かげ》りが見え始めた。米英を中心とする英語圏の国々からの新しいポピュラー音楽の攻勢が強まり、それにより日本人の音楽の嗜好《しこう》が大きく変わっていった時期である。

21世紀になるとシャンソンの大御所、美輪明宏《あきひろ》も嘆いているように、シャンソンという言葉さえ知らない若者も多くなった。現代のシャンソンはどうなっているのか。今後はどうなっていくのか。本書の締めくくりでは、そのことについても考えてみたいと思う。

なかにし礼が亡くなった2020（令和2）年には、彼と同世代の人気作曲家の筒美京平、中村泰士《たいじ》も相次いでこの世を去っている。

筒美京平の代表作には「魅せられて」（歌：ジュディ・オング）や、「また逢《あ》う日まで」（歌：尾崎紀世彦）がある。中村泰士は「喝采」（歌：ちあきなおみ）や「わたしの青い鳥」（歌：桜田淳子）を作っている。いずれも日本レコード大賞のグランプリや新人賞の受賞曲である。

これらの曲に共通するのは、ヨーロッパのポピュラー音楽、特にシャンソンの持つ洒脱《しゃだつ》さ、あるいは情感の深さが感じられることである。それは、なかにし礼もそうであるように、彼らが戦後の日本のシャンソン・ブームの時期に青春時代を過ごし、シャンソンを聴きながら音楽への感性を磨いたからではないだろうか。

彼らが亡くなってまもないこの時期に、彼らが残したこれらの曲のメロディや歌詞を口ずさみながら、日本人のシャンソンとの長い付き合いの歴史をたどってみることも、意義のあることではないかと思う。

第1章　フランスの音楽文化とシャンソン

フランス・パリのポンヌフ橋。
写真：森田將裕／アフロ

「シャンソン＝Chanson」とは日本語で「歌」に相当するフランス語である。英語では「ソング＝Song」、イタリア語では「カンツォーネ＝Canzone」、スペイン語では「カンシオン＝Canción」ということになる。

しかし日本では、フランスのすべてのジャンルの歌ではなく、フランスの近代のポピュラー・ソング、つまり日本の流行歌あるいは歌謡曲に相当する歌だけをシャンソンと呼んでいる。それは昭和時代の初期に、当時パリで人々のあいだに広がりつつあったフランスのポピュラー・ソングが、日本に初めてシャンソンという呼び名で紹介されたことに始まった。

大正時代の後期から昭和時代の前期にかけては、アメリカからはジャズ、ハワイアン、カントリー&ウェスタンなどが、そしてアルゼンチンからはヨーロッパのドイツやフランスを経由してタンゴが、さらに他の中南米の各国からはルンバ、サンバ、マンボなどのラテン音楽が、次々に日本に渡来した。フランスからのシャンソンもこれらの諸国からの音楽とともに、日本では「洋楽」あるいは「軽音楽」と呼ばれることになった。そして流行歌に代表される日本の「邦楽」に対抗する音楽として、音楽ファンの支持を得るようになっていった。

本書はこのような日本の「洋楽」の発展の歴史のなかで、フランスのポピュラー音楽であるシャンソンがどのように日本人に受け入れられていったのかを、明らかにしていこうとするものである。そのためにまずフランスでは音楽がどのように生まれ、どのように発展してきたのか、それが近代になって、どのようにして民衆が歌うシャンソンの誕生につながってきたのかを、確認することから始めてみたい。

オペラと歌曲とフランス音楽

ヨーロッパの多くの国々がそうであるように、フランスでも音楽は教会音楽から始まった。それがいつ頃からのことなのかは明確な記録はないが、4～5世紀頃ではないかと思われる。人々は教会に集い、神に救いを求めるために祈りを捧《ささ》げた。そしてある時期からその祈りは言葉だけのものから、メロディのある〝歌〟というかたちを取るようになった。

それは教会音楽の誕生を意味するものだった。当初は無伴奏＝アカペラが主体だったが、やがて楽器の伴奏とともに歌われるようになり、宗教音楽としてその後のクラシック音楽の発展の源流となった。

しかし人々は気持ちを集中する祈りのためだけではなく、心の安らぎや楽しみを得ることを教会音楽に求めるようになり、聖者や神の物語を歌う親しみやすい音楽や、世俗的な内容の歌も作られるようになっていった。残念ながらこの頃は音を記録する手段はなく、それがどんな音楽だったかは詳しくはわからない。しかしそれがクラシック音楽とは異なる、ポピュラー音楽の芽生えにつながったことは確かである。

このように教会音楽が広がるいっぽうで、11世紀頃になると吟遊詩人や巡礼者が、ポピュラー音楽を広めるようになった。南フランスからはトルバドゥールと呼ばれる吟遊詩人たちが、北フランスからはトルヴェールと呼ばれる詩人たちが現れ、いずれも英雄の戦いや女性を讃《たた》えるような詩を歌いながら、各地の豪族の城や、民衆の村々を遍歴するようになった。

吟遊詩人は騎士などの貴族出身の者が多かったが、15世紀の頃からはフランス各地の豪族の宮廷に雇われることも多くなる。そして宮廷内で専従の楽師や作曲家や詩人として、メロディだけでなくハーモニーを持つ歌や楽曲を作って演奏するようになり、そこに宮廷音楽が発達することになった。

17世紀に入り、ルイ13世と14世の統治する時期になると、フランスの宮廷文化がパリで花開いた。ベルサイユ宮殿を居城に富と権力をほしいままにするルイ王朝の時代の到来である。美術、ファッション、料理、建築など多くの分野で、フランス文化は成熟した。音楽では宮廷バレエ音楽や宮廷オペラが生まれ、吟遊詩人の歌の流れを汲《く》む声楽も広がり、新しいスタイルの歌曲も生まれた。フランス型のチェンバロともいえる鍵盤楽器＝クラブサンなど新しい楽器も生まれ、フランスのバロック時代が到来した。

ところが1789年にフランス革命が勃発し、王制は廃止され共和制への移行が始まり、19世紀から20世紀にかけてのフランス音楽は、貴族だけでなく市民も楽しめるオペラが発展して、パリのオペラ座がメイン舞台となった。多くのオペラが作られ、ビゼーの「カルメン」「真珠採り」、グノーの「ファウスト」「ロメオとジュリエット」、ドビュッシーの「ペレアスとメリザンド」など、後世に残るオペラの名作が生まれた。オペラのなかのアリアにも名曲が多く生まれ、オペラから切り離されて単独で歌われることも多くなった。

またフォーレの「夢のあとに」や「月の光」に代表されるようなフランスの歌曲も、この時代に花開いた。「版画」や「映像」などのピアノ曲や、「牧神の午後への前奏曲」などの管弦楽曲で知られるフランスを代表する作曲家ドビュッシーも、じつは生涯作品約200曲のうち、ほぼ三分の一の約70曲は歌曲が占めており、そのなかには名曲も多い。

このように見ると、フランスの音楽の歴史では〝歌〟が重要な役割を果たしてきたことがわかる。それはフランスの音楽としばしば対比されるドイツ・オーストリアの音楽が、オーケストラによる管弦楽を中心に発展してきたこととは、明らかに性格を異にするものである。

ドイツ音楽を嫌ったフランスに生まれた印象派音楽

フランス音楽にはもうひとつ忘れてはならないことがある。それは19世紀末から20世紀の初頭のフランスに、印象派音楽（印象主義音楽ともいう）が生まれ、世界のクラシック音楽のなかでも重要な位置を占めるようになったことである。

印象派音楽の誕生の経緯を振り返ってみよう。ヨーロッパに生まれたクラシック音楽の本流といえば、オーストリアを含むドイツ音楽ということになる。それは18世紀バロック時代のバッハやヘンデルに始まり、古典派のモーツァルト、ベートーヴェン、さらにはロマン派のシューベルト、シューマン、ブラームスと受け継がれて進化した。

このようなドイツ音楽では「音楽によって人間の精神を表現する」という、真面目で深いテーマが追求された。しかしそのような〝重い〟テーマを嫌う風潮が他のヨーロッパの国々に見られるようになり、ロシアや北欧各国では国民楽派の音楽が生まれるなど、それぞれの国の伝統や個性を大切にした音楽が作られるようになった。

ちょうどこの時期にフランスでは、絵画から始まった印象主義の主張が広がっていた。それは画家のモネ、ドガ、ルノワールらが牽引するもので、表現しようとする対象物を精細に描写することよりも、その対象物がアーティストとしての創作者に与える印象を描こうとするものであった。

ドイツ音楽を嫌っていたフランスの音楽界では、この時期にこの印象派の思潮を音楽に取り込む作曲家が相次いだ。

その筆頭がドビュッシーである。代表作である「牧神の午後への前奏曲」にも見られるように、ドビュッシーが試みたのは、主題が自分の心に想起させたイメージを音楽にすることであった。

彼には「亜麻色の髪の乙女」「交響詩〈海〉」「雨の庭」「喜びの島」など、描写曲のようなタイトルの曲も多いが、いずれも単純な描写音楽ではなく、対象物から自らが得た印象を普遍的に音楽化したものである。

ドビュッシーに続いたのはラヴェルだが、彼の音楽もドイツ音楽のように形式や決まりに沿った音楽ではなく、作曲家の思うままの音楽で、不協和音さえ聴こえてくる色彩豊かで視覚的な音楽だった。

ここまでに見てきたように、フランスの伝統音楽にはふたつの特徴が見られる。

そのひとつは〝歌〟を母体とする音楽が発達したことである。それは4～5世紀の教会音楽の聖歌から始まり、その後は吟遊詩人によって歌われた世俗的な内容の歌曲に引き継がれ、やがて宮廷音楽の時代から19～20世紀にはオペラの時代を迎えることになった。

もうひとつは長くドイツ音楽の影響下にあったフランスに、19世紀末になると独自の音楽である印象派音楽が生まれたことである。それはフランスの音楽家や音楽ファンが、理論や形式よりも、感性や情緒を大切にしたということに起因するものである。

このふたつの特徴はフランス人が、音楽においても詩や言葉を重要視する〝歌〟を好んだこと、また器楽や管弦楽ではリズムよりもメロディやハーモニーを重視したことを物語っている。これらは近代になってフランスの民衆のなかに生まれた音楽である〝シャンソン〟が、フランスを代表する音楽文化となったことにつながるといえるだろう。

権力批判の歌、民衆が作るシャンソンの誕生

それではフランスのポピュラー音楽としてのシャンソンの発展を、たどってみることにしよう。

フランスの首都パリを流れるセーヌ川に「ポンヌフ」(Pont Neuf)という橋がある。フランス語で「新しい橋」の意味だが、パリでは現存する最古の橋である。この橋がその名前の通り、作られてまだ新しかった17世紀のはじめの頃、橋の上やその近辺には、音楽を聴かせる店や小屋が建ち並び、大道歌手ともいえる歌手たちが、集まった人々の前で人気のある歌を歌い始めた。

じつはこの時期から遡ること500〜600年前、11世紀の頃にはフランス各地に、ジョングルールと呼ばれる芸人たちが現れたが、彼らは旅から旅の大道芸人であり、アクロバットやダンスが本職だった。しかし彼らは歌を歌い楽器を演奏するようにもなり、そこで彼らが歌っていたのが同じ時期に活躍したトルバドゥールや、トルヴェールなどの吟遊詩人が作って歌っていた、シャンソンの原型ともいえる歌だった。

17世紀になって「ポンヌフ」周辺の店のステージに現れた大道歌手は、ジョングルールの子

孫やその流れを汲む歌手たちで、彼らが歌い始めた歌こそ、彼らの祖先から伝わる、紛れもないシャンソンであった。

17世紀の初頭というこの時期は、およそ200年後に起こるフランス革命を控えた、フランス宮廷文化の爛熟《らんじゅく》期であり、民衆の力が徐々に強くなっていた時期である。「ポンヌフ」の大道歌手たちが歌っていた歌の内容は、権力への抵抗や、社会の風刺に徹し、王族・貴族や政府高官をやり玉にあげてこっぴどくやっつけるもので、それが民衆の喝采を浴びて広がっていった。このようにこの時期のシャンソンは民衆の抵抗の歌として、作られ、歌われ、流行していくことになった。

フランス語にはシャンソネ（chansonner）という言葉がある。直訳すると「シャンソンにする」という意味であるが、実質的な意味は権力者や社会への不満を訴えるためにシャンソンを作る、ということである。その後現代に至るまでには、シャンソンが作られる目的も内容も多様化し、社会を批判したり、風刺したりするためだけに作られるものではなくなってきたのだが。

またこのようなシャンソネを行う人々、つまりシャンソンを作りそれを歌うアーティストは、シャンソニエ（chansonnier）と呼ばれた。ただしシャンソニエとなる条件は、曲は他人の曲を使ってもよいが、歌詞は必ず自作でなければならず、それが聴く人を惹きつける内容のものでなければならなかった。

ベル・エポック（よき時代）に発展したシャンソン

19世紀末から第一次世界大戦開始（1914＝大正3年）の頃までの時期は、フランスではベル・エポック（Belle Époque）＝よき時代と呼ばれた。それは1900（明治33）年のパリ万博を頂点として、パリが歴史的に最も繁栄し華やかだった時代であり、フランスはもとよりヨーロッパ全体が経済的にも文化的にも非常に豊かだった。

この時期にはシャンソンは、音楽としてフランスの人々の生活や文化にさらに密接に入り込むようになり、ヨーロッパの国々や世界各国にも広がり始め、シャンソンにとってもまさにベル・エポック＝よき時代が到来する。

17世紀の初頭にセーヌ川の「ポンヌフ」に出現した多くの簡素な店でスタートしたシャンソンは、その後この19世紀末のベル・エポックの時代までの約300年のあいだに歌われる場所も広がり、店の規模やスタイルもかたちを変えて発展していく。

店の形態の呼び名も、カヴォ、カフェ・コンセール、キャバレー、そしてミュージック・ホールと変遷していく。それぞれにはつぎのような特徴がある。

★カヴォ

18世紀初期に生まれた店で、〝穴倉〟という意味を持つ。このタイプの店はシャンソンの作者兼歌手であるシャンソニエたちが集って、自分たちの作ったシャンソンを披露し合う、会員制のクラブとしてスタートしたが、その後聴衆も入場できる大衆的なシャンソン・クラブに発展する。

★カフェ・コンセール

18世紀中盤にできた飲食をしながらシャンソンを聴かせる店。この時期にフランスで人気が出たコーヒーを売り物にした喫茶店が、さらなる客寄せのために歌やショーを見せることを始め、カフェ・コンセールと呼ばれるようになった。どの店も繁盛し、店数もどんどん増えることになった。

★キャバレー

19世紀後半に開設された酒とシャンソンが楽しめる店。伝説的な店「ル・シャ・ノワール＝黒猫」はパリのモンマルトルにあり、若い頃のモーパッサンやドビュッシー、サティなど芸術家の溜《た》まり場だった。多くの音楽好きの民衆も集まってにぎわった。その後パリには「ムーラン・ルージュ」「リド」「クレージーホース」などの高級キャバレーも生まれ、多彩なショーや大規模なショーダンスを売りにするようになった。

★ミュージック・ホール

19世紀にパリに誕生。ホールという名が示すようにカフェ・コンセールよりも店の規模は大きかった。歌われたり演奏されたりする音楽はシャンソンが中心だが、アクロバット、ダンス、コミック芝居、動物を使ったサーカスなどの、多彩なショーも楽しめた。このように盛りだくさんの演目のあるショーは、レビューと呼ばれるようになり、各演目が有機的に連動して、華やかな衣装、照明、舞台装置のもとで演じられるようになった。聴衆は飲食物などは摂《と》らず、演目の鑑賞に集中する。「オランピア」「カジノ・ド・パリ」「フォリー・ベルジェール」など、歴史に名を残す店が次々に生まれ、ベル・エポックの後の1920年代にも人気を保ち続けた。そこではミスタンゲットやジョセフィン・ベーカーなど、スター歌手が生まれてその活躍の場となった。なおミュージック・ホールという英語の名前が示すように、施設の起源はイギリスで、1840年にロンドンに誕生した。ロンドンのミュージック・ホールでも歌とさまざまな演目を組み合わせたプログラムが演じられていた。

こうして17世紀初頭からの約300年のあいだに、パリの発展と歩調を合わせて、規模やシステムや客種の異なる、音楽小屋、音楽サロン、音楽酒場、音楽ホールが次々に登場し、近代になると音楽に各種演芸を取り込んだ、大規模な娯楽＝レビューを演じる施設も増加した。その流れのなかで音楽として発展したのが、いうまでもなくシャンソンだった。そこでは人気歌手が出現し、新しい曲の発表の場ともなり、流行する歌も次々に生まれて、シャンソンはフランスの民衆の音楽としてなくてはならないものになっていった。

シャンソンの種類

このようにシャンソンが発展していくにつれて、シャンソンにはさまざまなタイプの歌が生まれ、タイプが異なる呼称を持つようになる。シャンソンの歴史書や研究書には、それぞれの著者によりシャンソンは、誕生の経緯、形態、テーマなどによって分類され説明されているが、その分類の基準は研究者によってまちまちであることが多く、かえってわかりにくくしてしまっているように思われる。

そのため、ここでは、シャンソンにはどのような歌があり、どのような時代に、どのような場所で、どのような歌われ方をしてきたのかを簡明に分類した、日本のシャンソン研究家であり、訳詞家でもある永田文夫の考察に沿って要約してみることにする。

★シャンソン・ポピュレール＝「民衆のシャンソン」

中世の吟遊詩人の時代に彼らが歌っていたシャンソン。多くの国のこの時代の歌がそうであるように、作者が不明あるいは無名であるものが多い。その意味では各国で民謡と呼ばれる歌に近いものといえる。しかし直訳すると〝ポピュラーなシャンソン〟ということにもなり、ある時期からはフランスの流行歌全般を呼ぶ名称としても使われるようになった。

★シャンソン・サヴァント＝「高級なシャンソン」

中世の宮廷を中心に発展した。誰が作った歌なのかもはっきりしている。同じ時代のシャンソン・ポピュレール＝「民衆のシャンソン」よりも高尚で芸術的で、上流社会のシャンソンとして、その後のシャンソンのなかの大きな流れのひとつとなった。

★シャンソン・リテレール＝「文学的シャンソン」
シャンソン・サヴァントから発展したシャンソン。18世紀に生まれたカヴォで歌われ、さらに19世紀には文学的キャバレーでも歌われるようになった。基本的には詩人の詩に、作曲家が曲をつけて生まれるシャンソン。

★シャンソン・レアリスト＝「現実的シャンソン」
庶民の生活や人生を歌ったドラマティックなシャンソン。女性歌手による深刻な恋の歌が多い。現実の庶民の生活の苦しさや暗さなどリアリティーが重視される。やくざ者や娼婦《しょうふ》、船乗り、兵士などが主人公で、下町や港町が舞台となることが多い点は、アルゼンチン・タンゴとも共通する。パリのキャバレーやミュージック・ホールで歌われた。

★シャンソン・ファンテジスト＝「幻想的シャンソン」

近代から現代にかけて生まれた、さまざまなタイプのシャンソン。民衆のゆとりある文化的な生活のなかから生まれた。海外の国々の音楽の影響も受け、従来のかたちにとらわれない、奔放で才気あふれる歌が次々に現れた。主としてカフェ・コンセールやミュージック・ホールのステージで歌われた。

レコードがもたらしたシャンソンのさらなる普及

フランスがベル・エポックという繁栄の時代を迎える直前の1877（明治10）年には、アメリカのトーマス・エジソンが円筒式レコードという、音声や音楽を録音して再生する道具を発明した。そして10年後の1887（明治20）年にはエミール・ベルリーナが、その改良型ともいえる円盤式レコードを発明して、いよいよレコードの実用化がスタートした。このベルリーナの円盤式レコードはその後、SP盤レコード（Standard Playing Record の略）と呼ばれ、1940年代後半にLP、EP盤レコードが開発されるまでは、唯一のレコードの規格として世界的に普及した。

ベルリーナはまずアメリカにグラモフォンというレコード会社を作り、早速音楽の録音とレコードと蓄音器の生産を始め、数年で事業を軌道に乗せると、１８９７（明治30）年にはヨーロッパに進出し、ロンドンに支社を開設する。そしてそこを起点にしてヨーロッパ各国でレコードの録音活動を開始する。

このグラモフォン社は１９０２（明治35）年に、イタリアのミラノで人気テノール歌手のエンリコ・カルーソの録音を、ロシアで名歌手フョードル・シャリアピンの録音を行っている。

この時期すなわち20世紀の初頭には、イギリスのコロムビア、ドイツのオデオン、アメリカのＲＣＡビクターなどのレコード会社が、フランスに進出して録音活動を始めていた。

そしてそれらのレコード会社は20世紀の初頭の20〜30年間には、新しいシャンソンを競って発売し、それまでは実演をするホールや店に行かなければ聴けなかった歌が、個人の家庭で聴けるようになる。人々はレコードによって新しい歌を知り、それを歌うようになり、レコード会社はレコードと蓄音器を売ることによって発展していった。日本でもこの時期は、松井須磨《すま》子《こ》が歌う「カチューシャの唄」が発売され、流行歌が初めて登場して広がり始めるタイミングだった。

１９３１（昭和６）年になるとフランスでは、毎年の優秀なレコードに与えられる、ＡＣＣ

ディスク大賞が文芸誌キャンディド誌の主催で制定される。第1回のグランプリにリュシエンヌ・ボワイエの歌う「聞かせてよ愛の言葉を」と、ジョセフィン・ベーカーの歌う「サポーズ」が選ばれた。

なお「聞かせてよ愛の言葉を」はこの大賞受賞がきっかけとなって、ティノ・ロッシの歌によって1934（昭和9）年に再レコード化されたが、売上45万枚という世界的ヒットとなり、シャンソンの素晴らしさを世界に広くアピールすることになった。これが契機となってレコード会社とシャンソンの関係は、急速に緊密になっていった。

またこの時期にはラジオもシャンソンの普及に手を貸すようになる。エッフェル塔から試験電波が初めて発せられて10年が経過した1931年フランスでは、国営のラジオ放送局がスタートした。ラジオ・パリ、トゥール・エッフェル、PTTの3社である。さらにポスト・パリジャン、ラジオ・トゥルーズ、ラジオLLなどの民間放送も始まった。

当初はこれらのラジオ局はコンサートやライブ会場からの実況や、ラジオ局のスタジオから歌手とバンドの生の歌と演奏を放送していたが、やがて録音したレコードの音楽を放送することも多くなり、シャンソンの普及におけるアーティストとレコードとラジオ放送の関係は、ますます深まっていった。

シャンソンにおける〝創唱《そうしょう》〟とは

フランスのシャンソンの世界では、新曲を初めて歌うことをクレアシオン＝Créationという。これは英語のクリエーション＝Creationに相当する言葉で、通常は〈創造〉と訳されるが、シャンソンの用語としては、〝創唱〟と訳されている。

〝創唱〟とはプロの歌手が新しく作られた歌を初めて歌うことをいうが、ある時期までシャンソンではひとりの歌手が創唱した歌を、その創唱者以外の歌手が歌うことは、ほとんどなかった。それはシャンソンという歌が生まれたときから持っていた、本質によるものといっていいだろう。「シャンソンは一編のドラマである」とよくいわれる。なかでも、特にシャンソン・レアリスト＝現実的シャンソンと呼ばれるものは、別離や失恋や悲しみなど庶民の生活の暗い面を、リアリティーを持って表現する。シャンソンはそういう歌が多かった。

歌手がこのような歌を歌う場合は、歌詞とメロディを通り一遍に歌うのではなく、歌詞のなかにある物語を自分の物語として聴き手に伝えることが求められる。したがって、シャンソンは自作自演が基本だった。そうでない場合、歌手は歌の作者と心を合わせて、その歌に生命を与えることが不可欠となる。それができなければ聴き手は満足せず、歌手も歌も評価されない。

しかし成功すれば歌は大ヒットし、歌手は人気歌手としての活躍の場を得ることになる。たとえば第一次世界大戦の直後、パリのミュージック・ホール「オランピア」では、エルネスト・ジャンヴァルが作詞した「イゼールの夜哨《やしょう》」を歌手ダミアが創唱し、長期間ヒットを続けて、彼女の歌手としての名声を決定づけることになった。

日本の流行歌の世界にも、〝持ち歌〟という言葉があるように、ある歌手がレコーディングをした歌は、他の歌手は歌わないという慣例、あるいは約束ごとがあった。しかし日本の場合は作詞・作曲家と歌手との師弟関係によるつながりや、レコード会社とアーティストの専属制などに守られていたという側面もあった。ところがフランスのシャンソンの創唱の重視は、ひとりの歌手のひとつの歌への修練が、他の歌手を寄せ付けないというような、アーティスティックな要因から生まれるものであった。

〝創唱〟から〝競唱〟へ～シャンソンが世界に広がる

20世紀も中盤にさしかかる頃、世界は第二次世界大戦に巻き込まれた。多くの国々と同様にフランスも経済や社会や文化が大きく停滞した。しかし終戦から数年経《た》った1950年代からはすべての面で復興への動きが目立つようになり、シャンソンもそれまでにない隆盛期を迎える。

戦前に活躍した歌手の復活も少なくなかったが、戦後に頭角を現した歌手も多く、彼らが歌う新しい曲のなかからは、シャンソンの歴史に残る大きなヒット曲も続出する。

それらの曲は戦前のシャンソンのように、類型的な分類の型にはまるようなものは少なくなり、従来のかたちにとらわれない奔放で才気あふれる歌が多くなった。

この時期のシャンソンでは、創唱者の歌が重視された戦前とは状況が大きく変わった。もちろん新しい歌を初めて歌う創唱歌手がいて、その歌手によって新曲は知られるようになるのだが、その後その歌をカヴァーする歌手も出現するようになり、そのなかから創唱者の歌以上にヒットする歌が生まれることも多くなった。それはレコード会社や放送局が増えたこと、すなわちメディアが多様化したことによって、より多くのレパートリーや音源が必要になったために生まれたことでもあった。従来のかたちにとらわれない、明るくて奔放で誰もが歌えるシャンソンが、ファンにも歓迎されるようになった。創唱へのこだわりは、歌うほうの歌手にも、聴くほうの聴衆にも薄らいでいった。シャンソンは〝創唱〟の時代から〝競唱〟の時代へ移行していったということもできるだろう。〝競唱〟されてビッグヒットとなり、スタンダード曲となったシャンソンにはどのような曲があるのか。いくつかの事例をあげてみる。

★枯葉

1946（昭和21）年に製作されたマルセル・カルネ監督の映画「夜の門」の挿入歌である「枯葉」（作曲：ジョゼフ・コズマ、作詞：ジャック・プレヴェール）は、映画に出演した俳優兼歌手のイヴ・モンタンが劇中で歌ったが、当初はヒットせず、その後知性派の女性歌手ジュリエット・グレコが歌って、1940年代から50年代にかけてシャンソンの大ヒット曲になり、名曲としての評価を勝ちとった。1948（昭和23）年には女性歌手コラ・ヴォケールの名唱も続いた。

★詩人の魂

1951（昭和26）年に発表された、シャルル・トレネ作詞・作曲の「詩人の魂」は、作者のシャルル・トレネが創唱しているが、イヴェット・ジロー、ジュリエット・グレコ、そしてイヴ・モンタンも歌い、それぞれがヒットした。1952（昭和27）年にイヴェット・ジローがこの歌でACCディスク大賞を受賞した。

★パリの空の下

同じ1951（昭和26）年に作られた映画「巴里の空の下セーヌは流れる」の挿入歌の「パリの空の下」は、リーヌ・ルノーが創唱したが、エディット・ピアフ、イヴ・モンタン、ジャクリーヌ・フランソワ、ジュリエット・グレコ、シャルル・アズナヴール、ミレイユ・マチューなど、多くの実力派歌手が〝競唱〟して、名曲といわれるようになった。

さらに注目すべきことは、このようなシャンソンの〝競唱〟に、フランス国内の歌手たちだけではなく、国外の、しかもアメリカのポピュラー歌手の参入も見られるようになったことである。以下の4曲はその例である。

★ラ・ヴィ・アン・ローズ

1945（昭和20）年にエディット・ピアフが作詞、ピエール・ルイギが作曲した「ラ・ヴィ・アン・ローズ」（日本では「バラ色の人生」）は、ピアフ本人に加えてその恋人関係にあったイヴ・モンタンも歌った。アメリカのジャズ界のスター、ルイ・アームストロングも歌い、結果、この歌は全世界に広がった。

★ラ・メール

1946（昭和21）年にレコードが発売されたシャルル・トレネ作詞・作曲の「ラ・メール」は、彼が地中海沿岸を走る汽車の車窓から見た海の景色から、幼い頃の夏の思い出を想起したとされるが、この曲はアメリカでビッグバンドジャズのベニー・グッドマン・オーケストラの演奏がヒットし、その後「ビヨンド・ザ・シー」の英語タイトルで、ボビー・ダーリンの歌もアメリカでヒットして、世界的に知られるようになった。

★セ・シ・ボン

1947（昭和22）年にフランスのアンリ・ベティが作曲した「セ・シ・ボン」は〝とても素敵〟という意味だが、当初はヒットしなかった。しかしこの曲もルイ・アームストロングが歌ったことにより、フランス以外でもよく知られる曲になった。その後イヴ・モンタンも持ち歌として懸命に取り組み、彼の代表曲のひとつにもなった。

★マイ・ウエイ

アメリカのフランク・シナトラが1969(昭和44)年に歌った「マイ・ウエイ」の原曲は、フランスの作詞家で、音楽プロデューサーの愛称〝クロクロ〟こと、クロード・フランソワが1967(昭和42)年に作詞し、ジャック・ルヴォーが作曲したシャンソンだが、この作品の魅力に気づいたアメリカのポピュラー歌手のポール・アンカが、「マイ・ウエイ」と英語に改題して英語の歌詞も作り、シナトラに持ち込んだ。それが世界的にヒットして、エルヴィス・プレスリーやシド・ヴィシャスらもカヴァーした。

こういった事例からもわかるように、第二次世界大戦終了前後の時期、フランスのシャンソンにはアメリカで歌われてヒットする歌が続出して、それが世界的なスタンダード曲になるものも生まれた。やはりクラシック音楽でオペラの名作が生まれ、印象派音楽が生まれたフランスでは、ポピュラー音楽であるシャンソンにおいても、メロディやハーモニーが世界に通用する普遍的な魅力を持っているといえるのかもしれない。

このようにアメリカを経由して世界的に広がったシャンソンが多くあるいっぽうで、フランスから直接日本に持ち込まれて、日本独自でヒットするようになったシャンソンには、それをはるかに上回る曲数があることはすでに述べた通り。それはフランスで〝創唱〟された多くのシャンソンを、日本の歌手たちが日本のファンのために、日本語で〝競唱〟したということもできる。

日本でのシャンソンの広がりはどのようなものだったのか、次章以降ではいろいろな角度からそれを見ていくことにする。

第２章　シャンソンの日本への到来と広がり〈戦前の出来事〉

「すみれの花咲く頃」の歌が流れる宝塚少女歌劇。
1930年８月。写真：毎日新聞社／アフロ

宝塚少女歌劇団の誕生とフランスからのレビュー導入の成功

兵庫県の南東部に横たわる六甲連山の東端のふもとに、宝塚という街がある。小規模の温泉宿が並ぶだけの小さな街だったが、その宝塚と大阪（梅田）間に、1910（明治43）年、現在の阪急電鉄宝塚線である電車路線が開通する。大阪はすでに大都市だったが、規模が小さい宝塚温泉への乗客は少なく、電鉄会社は沿線の人の動きを増やすために、宅地の開発や商業の振興などに力を入れた。

阪急電鉄の実質的なオーナーだった小林一三《いちぞう》はその対策のひとつとして、温泉施設のなかに劇場を作り、歌や踊りや芝居を上演してお客を呼び寄せることを思いつく。そこで宝塚少女歌劇団の前身である宝塚唱歌隊が設立された。1913（大正2）年のことである。

当初は日本の昔話やお伽話《とぎばなし》を題材にした、少女たちによるアトラクションを無料で提供してお客を喜ばせていた。しかし1924（大正13）年に4000人収容の宝塚大劇場が完成すると、これを契機に方針が改められた。新しい文化の時代到来に即した国民の嗜好に沿う、しかも大人から子供まで家族が揃《そろ》って楽しめるような出し物を、有料で上演することに狙いが定められた。

そこで小林が目をつけたのは、この時期日本の国民の多くが憧れの気持ちを持つようになっていた、当時のヨーロッパ文化の中心フランス＝パリの文化を、この宝塚大劇場のステージに持ち込むことであった。

小林は宝塚の制作スタッフのなかでも最も期待する岸田辰彌《たつや》を、1926（大正15）年にパリに派遣した。彼は「麗子像」で有名な画家・岸田劉生《りゅうせい》の弟である。岸田はパリ滞在中にモンマルトルのパラース座という劇場＝ミュージック・ホールで、人気のレビュー「パリ・ヴォワイユール」のオリジナル公演を観《み》て、パリを熱烈に讃美する内容のこのレビューに惚《ほ》れ込み、これを宝塚の舞台に持ち込もうと心に決める。

岸田が観た「パリ・ヴォワイユール」も、当時パリの他のミュージック・ホールで上演されていた多くのレビューと同じように、音楽、舞踊、芝居の3つの要素が巧みに融合された華やかなショーであった。

帰国した岸田は「パリ・ヴォワイユール」を下敷きにして、1927（昭和2）年に「モン・パリ」というレビューを発表した。「モン・パリ」とは〝私のパリ〟という意味である。パリを礼賛し、パリを愛する、自分の気持ちをそのままのタイトルにした、日本初のレビューだった。それは見事に成功し、岸田は小林の期待に応えた。

この年の宝塚大劇場の観客動員数は115万人となり、前年を20万人も上回った。

このようにして初めて日本に紹介された、レビューという形式のショーには、従来の日本の舞台演出には見られなかった、新しい演出や技法がふんだんに取り入れられていた。たとえば、ダンサーたちの一糸乱れぬ群舞によるラインダンス、上演中に一度も幕を下ろさないスピーディな場面転換、舞台いっぱいに広がる大階段がステージの中央に設置されるなどの試みである。いずれもその後の日本のレビューという舞台芸術の定番になるものであった。

レビューは岸田に続いてパリに派遣された、後継者の白井鐵造《てつぞう》によって継承され、宝塚少女歌劇団にはなくてはならない出し物として確立されていく。宝塚少女歌劇団の後を追って東京に作られた、日劇、松竹少女歌劇、浅草などの演劇にも、このレビュー形式のショーが取り入れられるようになっていった。

「すみれの花咲く頃」が証明した日本語のシャンソンの魅力

ここで見逃してはならないことがある。それはこの宝塚少女歌劇団のレビュー「モン・パリ」の成功には、レビューそのものの楽しさ、斬新さ、豪華さなどもさることながら、主題歌の「モン・パリ」も大きく貢献していることだ。

この歌は岸田がパリのパラース座で鑑賞したオリジナルのレビュー「パリ・ヴォワイユール」の主題歌だったが、歌のタイトルを「モン・パリ」に変え、歌詞も岸田が自らのパリへの思いを込めた日本語の歌詞に変えたもので、それが宝塚のステージで繰り返し歌われた。

このような方式は、「モン・パリ」に続いて、3年後の1930（昭和5）年に宝塚少女歌劇団の舞台にかけられた、白井鐵造制作のレビュー「パリゼット」でも踏襲された。

この「パリゼット」も「モン・パリ」がそうであるように、パリで「パリゼット」というレビューが上演されていたわけではない。白井がパリを讃美する内容のレビューを起案し、「パリゼット」というタイトルをつけたのである。

「パリゼット」のなかで歌われる歌は7曲選ばれた。「パリゼット」「おお宝塚」「モンパルナス」「ラモナ」「すみれの花咲く頃」「君のみ手のみマダム」「恋、あやしきは恋」である。いずれもその頃パリで歌われていた歌から、白井鐵造がレビュー「パリゼット」のなかで自分が作りたい場面にふさわしいメロディの曲を選んだものであり、歌詞は白井が訳詞あるいは作詞したものである。

このなかでも白井が特に力を入れたのは「すみれの花咲く頃」である。この歌のメロディに惚れ込んだ彼は、この歌を「パリゼット」の主題歌とすることにした。

この歌のオリジナルはドイツの歌だったが、フランスでは「白いリラが咲くとき」というタイトルで多くの歌手に歌われていた。白井は日本ではリラよりもすみれのほうが身近な花であることに気がつき、タイトルを「すみれの花咲く頃」に変えた。

宝塚のレビューでは劇中で、演者の天津乙女《あまつおとめ》が「春、すみれ咲き……」と歌いながら客席にすみれの花を投げかける、という名場面を作ったことも功を奏して、この歌は大ヒットとなりレビューを成功に導いた。

その後、この歌はいかにも宝塚らしい歌という評価が高まり、宝塚歌劇団のイメージソングとして種々のセレモニーの式歌や、宝塚関連のラジオ番組のテーマなどに使われるようにもなった。

このように宝塚少女歌劇団は、フランス文化至上主義ともいえる方向に舵《かじ》を切り、パリの香りの高いフランスの文化を取り入れた路線を走りだした。

「パリゼット」の成功の後も、宝塚少女歌劇団では白井鐵造が中心となって、「セニョリータ」「ローズ・パリ」「花詩集」などのレビューが続々と作られ、それらが皆、成功して戦前の宝塚の全盛時代が訪れた。それらのレビューのなかでもシャンソンが日本語で歌われることが継承された。

このような宝塚のパリ路線の活況とそこで歌われた日本語のシャンソンが、日本人がシャンソンというフランスの流行歌を、自国の流行歌と同列の身近な音楽として受け入れることに、大きな役割を果たしたのは間違いないことである。

それは「巴里の屋根の下」から始まった~映画から聴こえてきたシャンソン

宝塚少女歌劇団のシャンソン導入路線が始まった1920年代の終盤（昭和の初頭）は、映画の技術開発が進んで、トーキーと呼ばれる〝音〟入りの映画が作られるようになった時期でもあった。

トーキーの出現によって、それまでのサイレント映画では不可能だった、セリフや音響を実際の音として表現することが可能となった。そして〝音楽〟を映画のなかに取り込むことができるようになった。

これによって、映画には主題歌（あるいは主題曲）やＢＧＭ（バック・グラウンド・ミュージック）が生まれることになった。フランス映画もその例外ではなく、主題歌としてシャンソンが使われることも多くなり、それらが映画のなかで流れることになった。

その先陣を切ってフランスから日本に入ってきたのは、１９３０（昭和５）年に作られたルネ・クレール監督の初のトーキー映画「巴里の屋根の下」だった。この映画は冒頭から主人公のアルベールという青年が、パリの街角で主題歌の「巴里の屋根の下」（作曲：ラウル・モレッティ、作詞：ルネ・ナゼル）を繰り返し歌いながら楽譜を売る場面が続き、その曲は観客の耳に強く印象づけられた。

また冒頭の場面では、主人公の歌はアコーディオンの伴奏で歌われたが、シャンソンとアコーディオンの取り合わせも非常に印象深く、人々の心に響いた。その結果この歌はフランスをはじめ日本を含む各国でも大きくヒットし、その後シャンソンのスタンダード曲として生き続けることになった。この曲は映画音楽として作られたシャンソンの第一号としての歴史的な意味を持つ。

映画「巴里の屋根の下」は、トーキーの初期の映画にありがちな、〝音〟をこれでもかと盛り込んだ作り方ではなく、サイレントの場面も多く取り入れて、その対比によってトーキーの素晴らしさを表現したことでも注目される。静かな朝の寝室で急に鳴り始める目覚まし時計のけたたましい音、静かな街のなかを走る蒸気機関車の大きな走行音、レコードの溝にキズができて曲の同じ部分が反復される音など、ユニークな音が強調される場面があるいっぽうで、音楽がふんだんに使われ、映画の冒頭で主題歌が何回も繰り返し歌われたり、途中では場面が変わるごとにシャンソンの既成曲が次々に流れたりする。これらはルネ・クレール監督のトーキー映画の〝音〟や〝音楽〟の使い方に対する、実験が行われていたことを意味すると思われる。

この時期にはシャンソンの広がりに貢献した映画がもうひとつ作られた。それは「巴里の屋根の下」公開の3年後、1933（昭和8）年に、同じルネ・クレール監督が製作し日本でも公開された「巴里祭」である。

この映画は、ある年の革命記念日の前後のパリの下町を舞台に、タクシー運転手と花売り娘の淡い恋とその顚末《てんまつ》を描いたものである。主題歌「巴里恋しや」（作曲：モーリス・ジョベール、作詞：ルネ・クレール）は、映画ではタイトル・バックや劇中でコーラスによって歌われたが、劇中ではアコーディオンを中心とするバンドでも演奏された。

これもルネ・クレール監督ならではの音楽の使い方である。結果として音楽がこの映画の雰囲気に非常によくマッチするものとなり、映画の評価を高めるとともにシャンソンのよさをアピールすることになった。

約1年後の1934（昭和9）年にフランスで、女性歌手リス・ゴーティによって吹き込まれた「巴里恋しや」のレコードは、世界的にヒットしてシャンソンの普及にも貢献した。なお、この主題歌の邦題は、その後映画と同じ「巴里祭」に変更された。

ところで、この映画の日本公開の際、日本語のタイトルを「巴里祭」とすることには、映画興行の関係者のあいだで論議があったという。この映画の原題は"Quatorze Juillet"であり、直訳すると「7月14日」である。7月14日は1789年のフランス革命にまつわる革命記念日であるが、この映画はフランス革命を直接テーマにしたものではない。

そのため、この映画の邦題として「巴里祭」が候補にあがった。しかしフランスには「巴里祭」というお祭りはなく、7月14日を「巴里祭」と呼ぶこともなかったため、このネーミングには反対の意見が多かったという。結局、日本の映画配給会社である東和商事の、この映画の宣伝戦略のためという主張が通り、邦題は「巴里祭」とすることに落ち着いたという。結果的には映画も主題歌もヒットして、この邦題は興行的な好成績につながることになった。

さらに太平洋戦争が終わって約20年が経過した1960年代のはじめの頃、この「巴里祭」という言葉は、また新しいシャンソンの発展につながるイベントの名称として復活することになる（経緯は第3章に記述）。

レコードの出現〜自宅でも聴けるようになったシャンソン

宝塚少女歌劇団がレビューのなかに多くのシャンソンを取り入れ、トーキーの開発を機に、フランス映画が主題歌としてシャンソンを次々に紹介する状況が生まれ、シャンソンが日本でも急激に広がり始めた昭和初期、シャンソンの日本導入の担い手がもうひとつ現れた。それはレコードである。

大正時代の日本では「カチューシャの唄」に始まる流行歌が生まれ、レコードと蓄音器という、音楽を録音・再生できる機器が海外から移入されるようになった。まもなく国内でも中小のレコード会社が設立され、音楽の制作とレコードの製造・販売が開始された。

やがて昭和時代に入り、マイクロフォンや電気録音などの技術の開発が進むと、レコードへの期待はますます高まり、海外の資本が日本にも投入された。コロムビア、RCAビクター、ポリドールなどのレコード会社の日本支社が生まれ、テイチクやキングなどの日本資本のレコード会社も出揃った。このようなレコード産業の誕生、発展のなかで、シャンソンも日本のポピュラー音楽のジャンルのひとつとして成長していくことになった。

昭和初期にはフランスのシャンソン歌手によってフランス語で歌われるシャンソンのレコードも、輸入盤あるいは輸入原盤の日本プレス盤として販売され始めたが、この時期に日本のレコード店の店頭に並んだのは、主に日本語に翻訳された歌詞を日本の歌手が歌う、日本製のシャンソンのレコードだった。

たとえば1929（昭和4）年には、宝塚少女歌劇団の花組の奈良美也子《みやこ》らがステージで歌った「モン・パリ」が、誕生してまもないコロムビア（当時の社名は日本蓄音器商会）から発売され、売上は10万枚を超えたという。

その2年後には「パリゼット」に出演した天津乙女が歌う「すみれの花咲く頃」も発売され、売れ行きは「モン・パリ」を上回ったという。この後も宝塚レビューの新作が作られると新しい主題歌も生まれ、同じようにレコード化されてヒット曲となることも多かった。

フランス映画の主題歌も日本語の歌詞でレコードが作られるようになった。1931（昭和

6）年には日本で公開された映画「巴里の屋根の下」の主題歌が、淡谷《あわや》のり子と青木晴子のA・B面競作という珍しいかたちでポリドールから発売された。またこの曲は浅草オペラのスターだった田谷《たや》力三の歌でビクターからも発売され、大きくヒットした。

当時日本でシャンソンのレコードを作るにあたって、曲目や歌手の選定がどのように行われていたのかははっきりしない。まだレコード会社にシャンソンのわかる社員などはほとんどいなかったと思われる時代である。もちろん歌手が歌える曲、歌いたい曲であることが大前提であったことはいうまでもない。そこでキーパーソンとなったのは淡谷のり子だといわれる。

彼女はジャズ、タンゴ、ラテンなど海外のポピュラー音楽のヒット曲を歌うことに熱心に取り組んだが、シャンソンには特別の思い入れがあったとされる。フランスの新曲やヒット曲の情報にも敏感で、少しでも興味があれば自らパリから楽譜やレコードを取り寄せて、日本語の訳詞をつけてステージやレコードで歌ったという。

そのため、淡谷のり子の新曲を音楽ファンも待ち望み、そのなかからは人気になる曲も多く生まれた。またそれらの歌を聴いて他の歌手たちが、自分のレパートリーとして歌うようにもなった。この時期の淡谷のり子は「別れのブルース」（1937＝昭和12年）、「雨のブルース」（1938＝昭和13年）を歌い、流行歌の歌手としても人気上昇中だった。その意味でも彼女の歌う歌は多くの注目を集めていたといえる。
このような状況のなかで、彼女が戦前から戦中にかけて歌ったシャンソンは、20~30曲にも及ぶ。これらの多くはポリドールやコロムビアでレコード録音もされており、いずれもその後日本におけるシャンソンのスタンダード曲となっている。代表的な曲に「聞かせてよ愛の言葉を」「たそがれのボレロ」「人の気も知らないで」「待ちましょう」「暗い日曜日」「巴里祭」「巴里の屋根の下」「リラの花咲く頃」「小雨降る径《みち》」「パダム・パダム」などがある。

このようにして、シャンソンは他の海外生まれの音楽と同じように、レコードによって日本人の生活のなかに深く入っていくことになった。多くのシャンソン・ファンも、自分の家にいながら自分の好きな時間に、自分の好きな曲を選んで聴くことができるようになった。

なぜこれほど売れたのか~アルバム「シャンソン・ド・パリ」

戦前のシャンソンのレコードのことでは、もうひとつどうしても触れておく必要のある〝出来事〟がある。それは1938(昭和13)年、日本のコロムビアからシャンソンのレコード6枚組の「シャンソン・ド・パリ」が発売されたことである。

戦前の日本でシャンソンのレコードといえば、その多くが日本語に訳された歌詞を、日本のバンドの伴奏で日本人歌手が歌うものだった。フランスの歌手によるフランス語のレコードは、輸入盤が販売されることはあっても、日本プレス盤が発売されることは少なかった。

ところがこのアルバムは1枚のレコードにA・B面で各1曲ずつ、計6枚のレコードに合計12曲の、フランスの現地の歌手が歌うオリジナル楽曲が収録されていた。価格は11円で、当時のレコードの定価1枚1円65銭と比べると高価だったが、この内容の6枚組アルバムで立派な装丁もされていることもあって、割高感はなかったと思われる。そのためレコード会社の販売目標は2000セットと控えめだったが、最終的には何と1万2000セットが売れたという。

このような好成績の要因は、この時期には日本のシャンソン人口が増加しつつあり、そのなかに日本語のシャンソンだけではなく、フランス語の〝本場〟のシャンソンを聴いてみたいと思う人々が多く育ってきたからであろう。

このレコードに収録されていた12曲のうち、すでに日本で知られるようになっていた曲は、「リラの花咲く頃」(宝塚歌劇が「すみれの花咲く頃」と改題)、「聞かせてよ愛の言葉を」「巴里祭」の3曲だけで、あとは当時の日本では耳慣れない曲ばかりだった。しかし馴染《なじ》みのない曲が多かったとはいえ、歌手はシャンソン・ファンなら誰もがその歌を聴きたいと思う顔ぶれが勢揃いしていた。全8名の歌手と曲名はつぎの通り。

①ジャン・ソルビエ（リラの花咲く頃）
②リュシエンヌ・ボワイエ（バラを召しませ）
③リュシエンヌ・ボワイエ（聞かせてよ愛の言葉を）
④リス・ゴーティ（巴里祭）
⑤ミスタンゲット（あたしは巴里娘）
⑥イヴォンヌ・ジョルジュ（水夫の歌）
⑦ティノ・ロッシ（便りを給え）
⑧ティノ・ロッシ（何時もあなたを）
⑨ジョセフィン・ベーカー（マイアミの夜）
⑩ジョセフィン・ベーカー（マヤリ）
⑪ダミア（港町のレストラン）
⑫ダミア（私の心は大洋よ）

さらにレコード会社がこのアルバムの装丁を、当時すでにパリの画壇で高い名声と評価を得ていた日本人画家・藤田嗣治《つぐはる》に依頼したことも、このアルバムの魅力を高めたといわれる。

これに続いて2年後の1940（昭和15）年には、「シャンソン・ド・パリ」の第2集が発売された。同じようにレコード6枚組のアルバムである。内容は第1集のダミア、ボワイエ、ゴーティ、ジョルジュ、ロッシの他に、シャルル・トレネら5名が新たに参加して計10名が歌っている。そのなかではトレネの「ブン」という歌が日本でも人気があったが、その他は比較的馴染みのない歌が多かった。

しかしこの第2集も第1集以上の売上を記録し、2万セットを超えたともいわれる。馴染みは薄かったが明るい歌が多く、戦争の気配の濃いこの時期の日本では逆に歓迎されたからだろう。アルバム装丁は、藤田嗣治に代わって同じパリ在住経験のある宮本三郎が担当し、明るくてお洒落《しゃれ》なジャケットが好評だったという。

このアルバムの監修・解説書執筆は、当時評論家として日本のシャンソンの普及に奮闘していた蘆原英了《あしはらえいりよう》が担当したが、その解説書は『シャンソン・ド・パリ解説書』というタイトルで、このレコードの発売直後、発売元のコロムビアから書籍として出版された。なおこの企画は当初は第1～第4集の全4巻を発売する予定だったが、太平洋戦争の勃発のため、残念ながら第2集で途絶えてしまった。

それでもこの「シャンソン・ド・パリ」の2回にわたるレコード・アルバムの発売の実現と成功を、当時は日本のシャンソンの発展史上〝最大の出来事〟と評した音楽評論家も多かった。

シャンソンがシャンソンと呼ばれる時代の到来

これまで見たような、フランスの流行歌であるシャンソンが日本で広がっていく過程において、その当初からシャンソンと呼ばれていたわけではない。宝塚少女歌劇団で「モン・パリ」や「すみれの花咲く頃」が歌われたときも、トーキー映画のなかから「巴里の屋根の下」や「巴里祭」の主題歌が聴こえてきたときも、日本ではシャンソンとは呼ばれていなかった。

当時オペラのプリマドンナとして活動し、日本で初めて「カルメン」を演じて、〝カルメンお美《よし》〟と呼ばれていた声楽家の佐藤美子《よしこ》が、1933（昭和8）年にポピュラーなシャンソンを集めて歌う日本初のリサイタルを開いた。東京の神宮外苑《がいえん》の日本青年館で行われたこの音楽会のタイトルは「パリ流行歌の夕べ」であり、「シャンソン」の表示はなかった。シャンソンという呼称がまだ一般的には使われていなかったことがわかる。

この時期レコードではシャンソンは「流行唄」、あるいは「流行小唄」と表示されており、浅草の演芸やレビューなどでは、「フランス小唄」あるいは「フランス浪曲」「フランス新内」など、現在の感覚ではふざけたような呼び方がされていたという。

いっぽうジャズ、フォックス・トロット、タンゴ、ブルース、セレナードなど、多くの外来音楽のジャンル名は、この時期からすでにオリジナル原語のカタカナ表示がされていた。シャンソンという呼称はその定着が少し遅かったということがわかる。

フランスのポピュラー・ソングが、日本で初めてシャンソンという呼び方が公的にされたのは、リュシエンヌ・ボワイエの歌う「聞かせてよ愛の言葉を」である。

1935（昭和10）年に、フランスの国営放送と日本のNHKが日仏交歓放送の実験として、お互いにそれにふさわしい企画の電波を送ることになり、フランスからはこの歌がフランスを代表する歌〝シャンソン〟として、電波に乗せて日本に送られてきた（残念ながら当日は天候が悪く、日本ではほとんど聴こえなかったというが）。それとほぼ同時にこの歌はコロムビアからレコードとして発売されたが、このときジャンルの表示として〝シャンソン〟という名称が日本のレコードで初めて使われた。

これを機に日本では放送でもレコードでも、フランスのポピュラー・ソングを〝シャンソン〟と呼ぶことが始まった。

この「聞かせてよ愛の言葉を」は、フランスで1923（大正12）年に作られた比較的古い歌だったが、リュシエンヌ・ボワイエが1929（昭和4）年にミュージック・ホールで歌い始めたところ大好評で、翌1930（昭和5）年にはレコード化され、それも予想外の大ヒットとなった。当時パリ全体がこの歌に包まれていたといえるほどだったという。

さらに前述のように翌1931（昭和6）年には、フランスの文芸誌キャンディド誌の主催で制定された、ACCディスク大賞の第1回のグランプリに選ばれた。日仏交歓放送の代表曲となったのも、そのような背景があったからだろう。

1930年代の後半（昭和10年代前半）になると、ポピュラー音楽のジャンルとしてシャンソンという呼称は、日本ですっかり定着した。それは1938（昭和13）年に発売された、前出の6枚組レコード・アルバム「シャンソン・ド・パリ」のタイトルのなかに、ずばり〝シャンソン〟の文字が使われたことを見ても明らかである。

同じ年には、『シャンソン・アルバム』というタイトルの楽譜集も出版された。日本で初めてシャンソン曲ばかりを集めた楽譜集だった。これを編集したのは倉重舜介という国立《くにたち》音楽学校（現・国立音楽大学）出身のピアニストだったが、パリに留学中に当時流行していたシャンソンを採譜して、それをまとめて出版したものである。

「舞踏会の手帖」「港シャンソン」～日本の流行歌にも現れたシャンソン

すでに見たように、大正時代の後半から昭和時代の初期にかけては、海外から多くのポピュラー音楽が日本に持ち込まれた。アメリカからのジャズ、ハワイアン、アルゼンチンやドイツからのタンゴ、イタリアからのカンツォーネ、そしてフランスからのシャンソンなどである。

これらの音楽は日本では当初それぞれの国で作られたオリジナルの曲を、レコードなどでオリジナルの歌手の歌で聴くことから始まったが、まもなく日本人の歌手が日本語で歌うものが聴かれることも多くなった。特にシャンソンではそれが顕著になった。これもこれまでに確認した通りである。

しかし、ある時期からはもうひとつの流れが生まれた。それは日本製のシャンソンが作られ、日本人の流行歌手によって歌われるようになったことである。それは外国曲と日本流行歌との融合とも呼ぶべき現象で、日本のレコード会社に所属する日本人の流行歌作家が、シャンソン風のタイトルや内容を持つ曲を作るようになったのである。

太平洋戦争が始まる少し前の時期にシャンソンの要素を日本の流行歌に取り込んで、ヒット曲を作ることにチャレンジした作曲家に、キングレコードの専属作曲家だった上原げんとがいる。

彼は1939（昭和14）年5月に、岡晴夫のために作った「上海《シャンハイ》の花売り娘」が大ヒットして、流行歌の作曲家として一躍脚光を浴びたが、その直後の8月に、同じ岡晴夫のために「港シャンソン」という曲を作った。「上海の花売り娘」のヒットの余勢を駆って、この歌も大きくヒットした。

この時期には服部良一が淡谷のり子を起用して、「別れのブルース」「雨のブルース」などの〝ブルース路線〟で成功をしていたが、上原げんとはそれに対抗して、〝シャンソン路線〟で勝負をかけ、「港シャンソン」でいきなり成果をあげた。しかしその後、追い討ちをかけて発表した「長崎シャンソン」「東京シャンソン」「波止場シャンソン」は、残念ながら「港シャンソン」を超えるヒットにはならず、上原げんとの〝シャンソン路線〟は大きな流れにはならなかった。

上原げんとの「港シャンソン」がヒットする前年の1938（昭和13）年には、フランス映画の「舞踏会の手帖」（監督：ジュリアン・デュヴィヴィエ）が日本で公開された。この映画には美しいワルツの「灰色のワルツ」（作曲：モーリス・ジョベール）という主題曲が流れていた。しかしこの曲には歌詞がなく、流麗なアコーディオンがメロディを奏でるだけだったので、日本では「舞踏会の手帖」という日本語の主題歌が作られた。

それは作曲：服部良一、作詞：西條八十《やそ》という、まさに当時のゴールデン・コンビの作品で、オリジナルの「灰色のワルツ」のイメージに沿ったワルツの新曲だった。歌手にはミス・コロムビア（松原操《みさお》）が起用された。しかしこの歌は映画のなかでは使われない、いわゆる〝イメージソング〟だったこともあってヒットすることはなく、映画のなかで使われた「灰色のワルツ」のほうが、この映画の主題曲としてよく知られることになった。

このような日本の流行歌と、海外から持ち込まれたいわゆる洋楽のポピュラー音楽の融合は、いろいろなジャンルの音楽について進められ、日本の流行歌の発展に大きな影響を与えるようになった。そのなかでもジャズ、ラテン音楽、タンゴでは、さまざまなかたちでその融合が進み、そのなかからは、日本の流行歌の歴史に残るヒット曲も数多く生まれたのだが、シャンソンについては、特に戦前は作られる曲数も少なく大きなヒット曲が生まれることも少なかった。日本製のシャンソンを作ろうという意識で作られて、それらしいタイトルや曲調を持つ流行歌を日本の流行歌手が歌って成功したのは、戦前の事例ではここで紹介した「港シャンソン」が、数少ない例である。

服部良一をはじめとする何人かの作曲家が熱心に日本製シャンソンに取り組むのは、戦後になってからのことであり、それについては第3章で見ることにする。また戦後になってからのシャンソンと日本の流行歌との関連、あるいはシャンソンが日本の流行歌に影響を与えていく経緯については、終章で確認することにしたい。

第3章　こうして日本のシャンソンは発展した〈戦後の出来事〉

イヴェット・ジロー。夫のマルクと。来日時に羽田空港にて。1955年1月。
写真：読売新聞／アフロ

1945（昭和20）年8月15日、昭和天皇の玉音放送をもって、日本は長く続いた戦争から解放された。世の中には安堵《あんど》感が広がっていった。だが、そのいっぽうで今後の生活がどのようになるのか、不安も大きかった。

人々の音楽への関心もすぐには戻らなかった。戦時中に無理やりに聴かされ歌わされた戦時歌謡や軍歌からは解放されたが、代わりに聴くべき新しい音楽は何もなく、戦前のレコードを引っ張りだして聴くのがせいぜいだった。音楽を作る側も何を作ったらよいのか手探り状態だった。

しかし、そのような状況は長くは続かなかった。終戦とともに日本に駐在するようになった占領軍によって、ジャズやラテン音楽など、アメリカを中心とする西欧や中南米の音楽が日本に流れ込んできた。それは新しい音楽を求めていた日本人、特に若者のあいだに勢いよく広がっていった。

さらにその影響を受けて、日本には独自の新しい歌が誕生するようになった。それは戦前の流行歌の発展形としての、新しい日本の流行歌やポップスであり、多くの人々に歌われることになった。

新しい流行歌が発展していくいっぽうで、戦前から日本に到来していた欧米の音楽も、戦争中の敵国音楽扱いが解かれて、洋楽としてそれぞれが独自の発展を見せるようになった。シャンソンもそのひとつだった。

シャンソンをめぐる動きは戦前にも増してにぎやかになり、1950年代中盤、すなわち昭和30年代に入ってからの約10年間は、〝シャンソン・ブーム来る〟といわれるほどの広がりになった。いくつかの動きをたどってみよう。

ダミアの来日から始まったシャンソンのブーム

1953（昭和28）年、女性シャンソン歌手のダミアが来日した。本場フランスの本格的なシャンソン歌手としては初めての来日であった。東京、名古屋、京都、大阪、福岡、仙台の6都市で公演があり、ラジオにも、放送が始まってまもないテレビにも出演した。

ダミアは「暗い日曜日」「真夜中の居酒屋」「かもめ」「人の気も知らないで」などのヒット曲で、戦前からフランスではスターであり、日本でも知るファンが多かった。

なかでも「人の気も知らないで」は、日本では戦前に宝塚歌劇で歌われて人気曲になり、その後、ダミア本人のレコードも紹介された。1938(昭和13)年に淡谷のり子の日本語のレコードが出ると、これがさらに大ヒットとなり、そのためダミアが来日するまではこの歌を日本製の流行歌だと思い込んでいた人も多かった。この来日コンサートでの歌唱の素晴らしさで、彼らも「人の気も知らないで」はダミアの歌であると認識を新たにすることになった。

来日したダミアのコンサートでは、レコードだけでは知ることができなかったダミアの魅力が、日本のファンの前で余すところなく発揮された。それはダミアの迫力ある歌唱だけではなく、巧みな演出によって加えられた視覚的な効果によるところも大きかった。

ダミアの来日公演を日比谷公会堂で聴いたシャンソン歌手の芦野宏は、その〝黒〟と〝赤〟だけの彼女のステージの強烈な印象を、著書『幸福《しあわせ》を売る男』のなかでつぎのように述べている。

ダミアは、黒い袖なしのロングドレスに、真紅のスカーフを一本だけ使い、ピアノの前奏でとつぜん下手から現れた。(中略)バックはやはり黒のビロード風のカーテンだったから、いやが上にもダミアだけが引き立ち、彼女の手の動き、哀しげな表情が際立つのである。歌いながら中央に戻ったダミアは心をさらけ出すように歌いだす。シャンソン・レアリスト（現実派歌手）としての面目躍如である。言葉の意味がわからなくても、彼女の訴えている心情が伝わってくる。

そこで歌われた「暗い日曜日」の歌詞はつぎのような内容だった。ここでは淡谷のり子が歌った日本語の歌詞を紹介する（1番は省略、2番のみ〈訳詞：佐伯孝夫〉）。

「暗い日曜日」

苦の果ての　その日曜日
眼を閉じ　死んでゆくわたし
君帰りて　蠟燭《ろうそく》の灯
明《あか》く灯りゃ　開くこの目
我が身よりもいとしの君
この目に住み　永遠《とわ》にいませ

……ソンブルディマンシュ

ある日曜日、恋人が帰ってくることはないと知りながら、ひとりで死んでゆく女性の苦しみを歌っている。あまりにも苦しく切ない歌である。この曲は内容の暗さから、自殺者が多くなると心配され、放送を禁止した国もあったという。

このような歌が意表を突いた演出のステージで歌われたダミアの来日公演が、いかに当時のファンに強いインパクトを与えたかは容易に想像できる。

シャンソン歌手の初めての日本公演が、典型的な現実的シャンソン歌手のダミアのものであったために、シャンソンという歌の奥深さが日本のファンに印象づけられた。しかし同時にシャンソンは暗くて、深刻で、悲しい歌が多いという印象を植えつけてしまったともいえる。

いずれにしてもダミアの来日が、日本におけるシャンソンのブームのきっかけになったということは、多くのシャンソン研究家も認めてきたところである。

イヴェット・ジローが歌った家族で歌えるシャンソン

1953(昭和28)年のダミアの来日公演が成功したことで、シャンソン歌手の来日は1950年代の後半から急速に増えていった。そのなかでも特筆されるのは、1955(昭和30)年に来日したイヴェット・ジローである。彼女は日本に本格的なシャンソンのブームをもたらした歌手として、忘れることはできない。

イヴェット・ジローの最初の来日公演は、東京のヤマハホールでわずか1回だけのコンサートだった。しかし彼女はそのコンサートで一気に日本人の心をつかんでしまった。そして2年後の1957(昭和32)年、二度目の来日で、コンサートは東京をはじめ京阪神、札幌など12都市に増えた。コンサートの合間にはNHKの「イヴェット・ジローの夕べ」やTBSの特別番組に出演した。

3回目以降はほぼ毎年来日し、全国でのコンサートの数も、急速に増えていった。彼女の来日回数は最終年の1996(平成8)年までに合計40回以上に及んだ。イヴェット・ジローは日本で大きな人気を得て、日本のシャンソンの発展に、他の来日歌手たちにも増して大きく貢献した。なぜだろうか。

彼女はダミアが1953(昭和28)年に来日して、成功したことはもちろんよく知っていた。

しかし自分がダミアとは違うタイプの歌手であることもわかっていた。

自分の持ち歌はダミアのように暗くてシリアスなシャンソンではなく、明るくて楽しい歌であり、自分の声や歌い方や容姿もそのような歌に向いていると知っていた。彼女はそれらを日本の聴衆にアピールすることにした。

そこで彼女は自分のフランスでのヒット曲のなかから「あじさい娘」「ミラボー橋」「ポルトガルの四月」「蛙《かえる》」、そしてACCディスク大賞を受賞したシャルル・トレネの名曲「詩人の魂」などを選んで歌った。その多くは長音階（明るい音階）であり、笑顔で歌える曲であった。

そのなかでも「詩人の魂」や「バラ色の桜んぼの木と白いりんごの木」は、日本語で歌うというサービスも考えだした。彼女の発音はフランス語がそうであるように、〝H〟がサイレントになるので、日本語の発音でも「りんごのハナ」ではなく「りんごのアナ」となる。それがたどたどしくユーモラスに聞こえ、日本人の観客にウケることにもなった。

また時には日本の着物（和服）を着てステージやテレビに出演することもあった。これも彼女のサービス精神からのアイデアだった。ここで彼女が歌った日本語の歌詞の一例を確認してみよう（訳詞：岩谷時子）。

「バラ色の桜んぼの木と白いりんごの木」

あの子と　ただ二人
石けりをしては
遊んだ懐かしい春の日
あの子の庭さきには　桜がバラ色
リンゴの花びらも　揺れていた
桜の花とリンゴの花は
風に吹かれて　からんで離れ
ためらいながら　くちづけする
二人でそれを見ていた（後略）

ダミアの「暗い日曜日」と比べるまでもなく、明るい童謡のような曲である。ジローのこのような日本での活動は、シャンソンをマニアと呼ばれる限られたシャンソン・ファンだけのものから、音楽の好きな一般の人々にまで、幅広く受け入れられるように変えることになった。

また40年以上にわたる何回もの日本来訪のあいだに、彼女は大都市のコンサート・ホールや、ラジオやテレビに出演するだけでなく、数多くの中・小都市のホール、喫茶店、さらに学校などでも歌った。いわばシャンソン拡大の草の根活動である。このようにして彼女はシャンソンの楽しさを、大人から子供まで多くの日本人に伝えていった。

彼女の歌のピアノ伴奏をしたのは、ほとんどが夫のマルク・エランだったが、夫婦ならではの息の合ったパフォーマンスもジローの人気を支えた。

1996(平成8)年12月には群馬県渋川市の「日本シャンソン館」で「ジロー、さよならコンサート」なども開かれ、80歳のイヴェット・ジローは、ファンの熱い涙に見送られて日本を去っていった。

劇場・ホールの充実でにぎわうシャンソンのイベント

イヴェット・ジローが二度目の来日をした1957(昭和32)年以降は、フランスから一流のシャンソン歌手が続々とやってきて、シャンソン・ブームはさらなる盛りあがりを見せた。

フランスからのシャンソン歌手の来日は、平成の末までに総計約60人。来日を複数回重ねる歌手も多かった。来日回数の上位ベスト3は、イヴェット・ジローの約40回、サルヴァトーレ・

アダモの約30回、ジュリエット・グレコの約20回である。

このような来日アーティストの活況に加えて、日本人のシャンソン歌手も増えて活動の場が広がっていった。ベテラン歌手はいうまでもなかったが、売りだし中の若手の歌手、新人歌手にとっても仕事のチャンスは多くなっていった。そのなかで歌手たちが出演することを目指してエネルギーを費やしていたのは、何といってもコンサート活動だった。

それを可能にしたのは、戦争で損傷を受けたコンサート・ホールの建物が、戦後次々に修復・新装されたことである。それはシャンソンのためばかりではなく、急速に立ち直りつつある日本の音楽の発展を象徴するものであった。

この時期にシャンソンのコンサートがしばしば開かれたホールには、東京では日比谷公会堂、日比谷公園大音楽堂（日比谷野音）、日劇大劇場、産経ホール、ヤマハホール、帝国劇場、イイノホール、九段会館、共立講堂などがある。また関西では大阪・京都の毎日会館、ＹＭＣＡ会館、大阪の松坂屋ホール、大阪市中央公会堂などがあった。

これらのホールで、日本人歌手のソロ・コンサート、リサイタル、各種のガラ・コンサート（複数の歌手が出演）などが頻繁に開催されるようになった。

なかでも話題のコンサートが多かったホールに、銀座のヤマハホールがある。1956（昭和31）年には、芦野宏が5日間連続リサイタルを、翌年には越路吹雪が3日間連続リサイタルを開いて注目を集めた。客席500人余（当時）という程よい広さが、それほど大声では歌わないシャンソンに向いているということや、ホールがパリのシャンソン小屋の雰囲気に似ているということで、ここを好む歌手もファンも多かった。前述のようにイヴェット・ジローが初来日した折のたった1回のコンサートもヤマハホールで開催された。

日比谷野音もシャンソンのコンサートが多かった。これはフランスの革命記念日が真夏の7月14日ということで、夕涼みがてら気軽に来場できる野外のホールが好まれたということがきっかけだった。アルゼンチンの独立記念日が7月9日で、記念のタンゴのコンサートが毎年ここで開かれていたのも同じ理由からと思われる。

東京の日劇もシャンソンにとっては重要な場所となった。日劇（正式には日本劇場）は1933（昭和8）年に東京・有楽町に開設された。約4000人収容の大劇場、大型の映画劇場、それに小劇場があり、戦後になって1952（昭和27）年には小劇場が改装されて日劇ミュージックホールが誕生した。

大劇場は専属の日劇ダンシングチームのレビューを中心に、ミュージカル、演劇、人気歌手のショーなどを交互に開催することで、戦前には東京観光の目玉的存在だった。戦後になっても日劇ダンシングチームのレビューの他に、人気歌手の歌謡ショーも行われており、特に1950年代中盤からはその両方のステージにシャンソンの人気歌手が出演することが多くなった。これもこの時期のシャンソン人気の高さを物語っている。

いっぽうの日劇ミュージックホールはパリのミュージック・ホールをイメージした、お洒落な内装や照明が備えられて、シャンソンの実演にはうってつけだった。

シャンソン・ブームが続いた1960年前後になっても、越路吹雪、高英男《こう》、芦野宏らのシャンソン歌手が、日劇の舞台で歌っており、新人歌手たちもこの舞台を目指して励むようになった。特に日劇ミュージックホールにはシャンソンを聴きに来るファンが増え、この時期は、〝シャンソンといえば日劇〟というイメージも広がった。

パリにはない「パリ祭」が日本に定着したのはなぜか

日本のシャンソンのコンサートとしては、ある時期から「パリ祭」、あるいは「巴里祭」という文字がタイトルのなかに含まれるコンサートが開かれるようになった。それは「パリ祭シャンソンの夕べ」とか「巴里祭リサイタル」というタイトルで、いずれもフランスの革命記念日を祝うという名目で、毎年7月14日またはその前後に開かれる。

それはすでに述べたように、1933(昭和8)年に"Quatorze Juillet"(7月14日)というタイトルのフランス映画が製作され、それが日本で公開されたときに、「巴里祭」という邦題がつけられたことが発端だった。この映画もその主題歌も大ヒットしたので、日本では7月14日のフランス革命記念日をそれ以降「パリ祭」と呼ぶようになった。

今も昔もフランスでは7月14日は「革命記念日」であり、「パリ祭」ではない。つまり「パリ祭」という呼称は日本だけで一人歩きしている。特に映画の主題歌が日本人好みの曲で、これにも「巴里祭」というタイトルがつけられてヒットしたので、日本では7月14日を「パリ祭」、あるいは「巴里祭」と呼ぶことがさらに定着した。映画「巴里祭」は公開が終わると忘れられていったが、主題歌の「巴里祭」はシャンソンのスタンダード曲として、多くの日本人のシャンソン歌手によって長く歌われるようになった。

日本で「パリ祭」を祝うコンサートが、いつ始まったのかは明確ではない。しかし最も早いもののひとつに、1956（昭和31）年7月14日、東京・日比谷野音で開かれた「巴里祭シャンソンの夕」という芦野宏のソロ・コンサートがある。数千人のファンがつめかけ、この企画は断続的にこの時期に足かけ6年間も続けられた。

この企画が成功したことが導火線となって、毎年7月14日の前後には「パリ祭」と銘打った多くのコンサートが、あちこちで開催されるようになった。主催者やその内容は千差万別で、そのなかにはコンサートだけではなく、日本の神社や盛り場などの祭りでよく見かける、見世物や演芸など多彩な催し物を含む〝パリ祭〟もあった。

「パリ祭」と名乗るコンサートが乱立していくなかで、オーソライズされた正統派の「パリ祭」を毎年恒例化して開催しようと本腰を入れたのは、シャンソン歌手の石井好子だった。人気と実力を得て順調に歩いてきた石井好子は、1961（昭和36）年に石井音楽事務所を設立し、シャンソンを中心とする音楽ビジネスを開始した。歌手としての活動もしながら、アーティストのマネジメントや、海外アーティストの招聘《しょうへい》、さらには音楽関連イベントの企画・実施の分野に足を踏み入れた。

その石井好子が「パリ祭の夕べ」と題する、シャンソンのコンサートを初めて開催したのは、1961（昭和36）年7月13日のことだった。それは主催者の石井好子をはじめ、深緑《ふかみどり》夏代、真木みのる、石井祥子ら6名の人気シャンソン歌手が顔を揃える豪華なコンサートだった。

2年目以降も毎年開催されるようになり、年を追うごとに出演するアーティストも増えていった。常連やゲストを含めてその顔ぶれは、芦野宏、中原美紗緒、山本四郎、小海智子、岸洋子など、年々多彩になっていった。

本場フランスから、イヴェット・ジロー、ジョセフィン・ベーカー、ジャン・サブロン、ダニエル・ビダルなどが参加することもあった。

その後、石井音楽事務所は新人歌手の発掘と養成を目的に、シャンソン・コンクールを毎年行うようになったが、その優勝者がこの「パリ祭の夕べ」に出演するようにもなった。プロのシャンソン歌手として名をあげた加藤登紀子も、このコンクールの優勝者であり、コンサートの常連の出演者になった。

会場は第1回の東京・日比谷野音を皮切りに、新宿厚生年金ホール、五反田ゆうぽうと、NHKホール、東京国際フォーラムなどが順次選ばれた。

このようにして日本のシャンソン・ファンの祭典が生まれ、タイトル「パリ祭の夕べ」も途中から「パリ祭」となった。このコンサートは、1967（昭和42）年からは東京だけではなく、地方都市での開催もされるようになり、音楽の他にもフランス文化の匂いのある各種のアトラクションも加わって、時代が平成から令和になった現在も、毎年継続して行われている。最近では数少ない貴重なシャンソンのコンサートである。

2020（令和2）年はコロナ禍のために各地のコンサートが中止となったが、2021（令和3）年には、東京、名古屋、岡山などの各地で再開された。なかでも東京は、「第59回パリ祭」として、7月13～14日の2日間、Bunkamuraオーチャードホールで開催され大いににぎわった。続いて2022（令和4）年も東京での「第60回パリ祭」をはじめ、2021年には再開されなかった各地のパリ祭が挙行された。

喫茶店でファンに育てられるシャンソン歌手たち

東京を代表する繁華街のなかでも、銀座、渋谷、池袋と並んで明治の昔からにぎわっていたのが新宿である。この街も戦禍を被ったが戦後10年が経過して、ちょうど日本でシャンソンが広がり始めた頃には、戦争の痛手から立ち直りつつあった。1956（昭和31）年のこと、歌舞伎町の目抜き通りに、「ラ・セーヌ」というライブハウスが開店した。

この店の2階と4階には小規模なステージがひとつずつあり、両方とも客席には小さなテーブルがあって、音楽を聴きながらコーヒーやケーキや各種の飲み物を楽しむことができた。4

階のステージでは、ロカビリー、ロックなどアメリカから渡ってきた新しい音楽が演奏され、2階のステージでは戦前から日本に到来していた、タンゴ、ラテン、ハワイアン、ボーカルを中心とするジャズなどを聴くことができた。そしてそのなかにはシャンソンも含まれていた。

当時、日本のポピュラー音楽を聴くライブハウスは、このようにひとつの店に複数のジャンルの音楽が〝同居〟するところも多かったが、首都圏や京阪神などの都会ではジャンルごとの個別の店も増えつつあった。そのなかにはシャンソンだけを聴かせる〝シャンソン喫茶〟の看板を掲げる店も少なくなかった。他のジャンルの音楽に比べてシャンソンでは、むしろそのような専門店が多く生まれる傾向にもあった。

シャンソンの生演奏が聴ける喫茶店で、1950～1960年代に開店した店をあげてみると、東京では「銀巴里」「ジロー」「十字路」「日航ホテル・ミュージック・サロン」「蛙たち」「青い部屋」「ブン」「ジァンジァン」など。関西では大阪の「スパニョラ」「ミラボー」、京都の「フレンチカンカン」などがあった。その数は東京でも当時は数店しかなかったタンゴの実演喫茶に比べると圧倒的に多かった。

音楽を生で聴かせるライブハウスという形態の店は、ポピュラー音楽が普及することにおいては、非常に重要な役割を果たしていた。

まずライブハウスという場所は、コンサート・ホールと比べて、ステージと客席が近い。そのためアーティストとファンの距離が短い状態になりやすい。演奏会では必要なことの多い予約もライブハウスは不要であり、料金も安価で気軽に入店できる。その結果〝常連〟客が生まれやすく、そこからはアーティストとファンの交流が生まれやすい。つまり、ライブハウスは新人歌手が育ちやすい環境にあった。

生演奏の喫茶店が多くなっていったということは、日本ではこのような喫茶店でデビューして、育てられるシャンソン歌手が増えることを意味していた。そのようにして喫茶店で育つ歌手は、シャンソンの世界では〝喫茶店派〟とも呼ばれていた。

〝喫茶店派〟の歌手という呼称が生まれたのは、ある時期までの日本のシャンソン歌手が、高英男、淡谷のり子、芦野宏、岸洋子のように、音楽大学でクラシックの声楽を学びこの世界に入った〝音大卒派〟が多かったことに対比してのことといわれる。

日本のシャンソンにおける〝喫茶店派〟歌手の代表格は、何といっても東京・銀座の「銀巴里」で育った美輪明宏である。彼は開店まもなくでまだ客足が少なかった「銀巴里」で、店の宣伝活動にも力を貸し、来店するファンからの声援に応えながら、自分も成長していった。推理小説家としても名を成した戸川昌子は新宿の「ラ・セーヌ」で育った。金子由香利は東京・銀座の「日航ホテル・ミュージック・サロン」専属で歌っていた。古賀力《つとむ》は御茶ノ水の「ジロー」からスタートした。これらの〝喫茶店派〟歌手は日本のシャンソン界をリードする存在になった。

彼らに続くシャンソン歌手を目指す新人たちも、それぞれのスタートの場となる店を見つけてデビューし、そこでファンの支援を得て成長して一流歌手となることを目指した。

フランスでは多かったといわれる、シャンソン歌手が自分の店を持って後輩の新人歌手を育成するというケースも数は少ないが日本でも見られた。まだ若手シャンソン歌手だった古賀力が、１９６８（昭和43）年に東京・赤坂にオープンしたシャンソン・レストラン「ブン」はそれに当てはまる店といえる。

この店はオーナーの古賀も歌うが、プロ歌手への道に足を踏み入れたばかりの新人歌手からベテラン歌手までが出演し、さらにはシャルル・アズナヴール、ジュリエット・グレコ、ジルベール・ベコーらのフランス勢が出演することもある人気店であった。

レコードの充実とレコード・コンサートの盛況

生演奏や歌のステージが楽しめるシャンソン喫茶＝ライブハウスが増加するいっぽうで、レコードでシャンソンが聴ける、コーヒーハウスやスナック型の喫茶店も多くなった。そのような店は都会ばかりではなく全国の地方都市にも広がったが、シャンソン・ファンの底辺を広げることに大きな力となった。

終戦直後はアメリカ系のジャズやポップスのレコードをBGMとして店内に流していた一般の喫茶店でも、世の中が戦後の混乱から立ち直って落ち着いてきたために、音楽も静かで落ち着いたものに変える傾向が生まれた。そのためにシャンソン喫茶の看板をあげている店ではなくても、シャンソンのレコードを流す店も増えていった。

ちょうどこの時期からは日本のレコード会社のなかでも、東芝やコロムビアやビクターのフィリップス・レーベルなどでは、フランスの契約先の録音活動が盛んになり、新録音の音源が頻繁に送られてくるようになった。そのためこれらの会社は新しい録音のシャンソンを続々と発売した。同時に日本人の歌手との契約にも力を入れて、彼らが歌うシャンソンを録音して、それを次々に発売するようになった。

特に東芝は１９５５（昭和30）年に、レコード・ビジネスに参入したばかりで、契約先のフランスのＥＭＩ社にシャンソン原盤が多いこともあって、シャンソンを充実させることに懸命に取り組み始めた。日本人の歌手としては越路吹雪と芦野宏というトップ・シンガーを獲得した。

同時期にはＬＰレコードが普及し始めたため、日本でのシャンソンのＬＰレコードの発売も活況を呈することになった。喫茶店はそういうレコードを熱心にライブラリーに加えたので、ファンは喫茶店に行けば新しいレコードがいち早く聴けるという時代になった。

さらにステレオ録音が開発され、一般家庭にもステレオ・レコード・プレーヤーが普及し始めたので、シャンソン・ファンも家庭でシャンソンをステレオで楽しむ、という時代にもなった。

シャンソン喫茶店同士の競争も激しくなり、経営者もお客が来店するのを待つだけではなく、店にシャンソン・ファンを引き寄せるために知恵を絞るようになった。たとえばファンを集めてレコード・コンサートを開催したり、ファンの勉強会などのイベントを開いたりする喫茶店も出てきた。

全国に広がりつつあった「シャンソン友の会」の活動に、地元の喫茶店が使われることも多くなった。「シャンソン友の会」は1954（昭和29）年に、評論家の永田文夫が京都で立ちあげたシャンソン・ファンのための友好組織だが、それは後に永田がオーナーとして発行する専門誌『シャンソン』の読者となる、全国のファンたちの交流のための組織でもあった。

「シャンソン友の会」は、1957（昭和32）年末までには東日本では東京をはじめ横浜、静岡、仙台など、西日本では京都、大阪、神戸、広島、北九州、名古屋、金沢など、全国の主要都市約20カ所に支部を持つまでに拡大されていた。この他の多くの街にも小規模なファン組織があったという。

各地の友の会はそれぞれ独自の集会を持って、会員同士の交流・親睦を図った。ゲスト歌手を呼んでのコンサート、講師を呼んでの勉強会、解説者を招いてのレコード・コンサートなどが、地元のシャンソン喫茶や地域の小ホールなどで行われた。

また大都市の中規模のホールなどでは、評論家が主催して自らが司会と解説を担当し、レコードまで持ち込むというようなシャンソン・レコード・コンサートが盛んに開かれていた。

1950年代後半、東京・銀座のヤマハホールでは、毎月1回、蘆原英了が司会と解説を務めるレコード・コンサートが開かれていた。その月に発売された新譜レコードを紹介するこのコンサートは、毎月前売り入場券（約500席分）が早々に売り切れてしまうほどの人気だったという。

これより少し前の1947（昭和22）年頃には、関西在住の作曲家で評論家の菊村紀彦が、京都（毎日会館、日仏会館他）や、大阪（松坂屋ホール、大阪市中央公会堂他）で、レコード、朗読、歌のコンサートなどを開催し、関西のファンを喜ばせていた。

こうしてレコード産業の音楽制作活動の活発化と録音再生技術の進歩、それに伴う音楽喫茶やレコード・コンサートの充実は、他のポピュラー音楽と同じようにシャンソンにおいても、ファンの拡大につながり、大きな力になったことは間違いない。

ラジオとも緊密になったシャンソン

ラジオ放送も日本のシャンソンの発展に大いに貢献した。話は再び戦前に戻るが、日本のラジオ放送は1925（大正14）年に始まっていた。この年の3月の試験放送が成功して、放送が大阪では6月、東京・名古屋では7月にスタート。翌1926（大正15）年にはこれら3カ所の放送局が統合されて社団法人日本放送協会が生まれる。「日本」「放送」「協会」の頭文字をとってＮＨＫという略称も使われるようになった。

大正時代末期に始まったラジオ放送は、１９３２（昭和７）年には早くも受信者数が１００万人に達したという。ここに映画、蓄音器（レコード）に続いて、強力な音声のメディアがもうひとつ生まれた。

戦前のラジオ放送では洋楽の番組といえばクラシック音楽が中心で、ポピュラー音楽が放送される機会は少なかった。それでも軽音楽と呼ばれるポピュラー音楽が放送されることはあり、そこではシャンソンが流れることもあった。

この時期には流行歌のラジオ番組のなかでは、淡谷のり子、小林千代子などの、普段は流行歌を歌う歌手がシャンソンを歌っていた。また宝塚歌劇団の歌手が、レビューの主題歌として歌ったシャンソンを歌うこともあった。

いっぽうではフランスの歌手がフランス語で歌う、本場のシャンソンを好むマニアックなシャンソンのファンも少しずつ増えており、そのようなファンを対象にフランスからの輸入盤や、輸入原盤の日本プレス盤のレコードが、放送されることも多くなった。

しかし昭和10年代が進むにつれて、日本でも戦争の気配がだんだん濃厚になり、シャンソンだけではなく、多くの洋楽が敵国の音楽として放送の機会が減少する方向に向かった。

それを補うように日本人のバンドが、洋楽風にアレンジした日本の民謡や歌謡曲を演奏するものが増えていったが、それは洋楽といえる音楽ではなかった。このような状態が１９４５（昭和20）年の終戦まで続いた。

洋楽が復活するのは太平洋戦争が終了してからのことである。戦後の日本ではそれまでの洋楽禁制がウソのように、アメリカから持ち込まれるジャズを中心に、海外のポピュラー音楽が急速に復活した。それでもシャンソン番組が日本のラジオに登場するのは、終戦後５年以上経過した１９５０年を過ぎた頃からだった。

先陣を切ったのは１９５２（昭和27）年11月に、ＮＨＫで始まった「虹のしらべ」（毎週日曜午後10時〜10時30分）という番組だった。タンゴ、ラテン、ロシア民謡、そしてシャンソンが、毎週交互に放送された。まだ音楽を録音する技術が充分に発達していない時代だったので、淡谷のり子、高英男、芦野宏、ビショップ節子、中原美紗緒などが生出演してシャンソンを歌った。

この時期には全国でラジオの商業放送（民間放送）も次々に開局した。１９５１（昭和26）年にはラジオ東京（現TBSラジオ）、中部日本放送（名古屋）、新日本放送（現MBSラジオ）、朝日放送（大阪）などが相次いで開局。翌1952（昭和27）年には文化放送（東京）、1954（昭和29）年にはニッポン放送（東京）が放送開始した。

このような各地での放送局の開局に伴ってシャンソン番組が各局に登場した。まず文化放送では「歌の散歩道」が始まった。これは歌手の芦野宏がホストで、東郷たまみがアシスタントだったが、毎週芦野がシャンソンを含めて世界各国のポピュラー・ソングを数曲選んで生で歌う番組だった。

1954（昭和29）年には、ラジオ東京で資生堂がスポンサーの「花椿《はなつばき》アワー」がスタートした。すでに日本のシャンソン歌手を代表していた越路吹雪と淡谷のり子が出演する本格的なシャンソン番組だった。

開局が他局よりやや遅れたニッポン放送では、1956（昭和31）年にシャンソン化粧品提供の「シャンソン・アワー」が始まった。芦野宏がピアノの弾き語りで歌った時期もあったが、その後は芦野が司会を担当した時期もあり、毎週一流歌手をゲストに呼んで歌とおしゃべりで構成される番組となった。これが約4年間続いた。

このようにシャンソン歌手たちが出演して、生の歌や演奏を聴かせる番組に加えて、レコードを使ったDJ番組も続々と生まれた。

NHKでは1952（昭和27）年頃から「ぼくのアルバム」というディスク・ジョッキー番組をスタートさせていた。まもなく「リズムアワー」と番組名が変わったが、これはラテン、ジャズ、ハワイアン、カントリー&ウェスタンなどの幅広い洋楽のジャンルを、月曜から金曜の各日に振り分けて、それぞれのジャンルの評論家が、レコードをかけながらおしゃべりをする番組だった。ここでシャンソンを担当したのがシャンソン評論の第一人者となっていた蘆原英了だった。

この番組は1964（昭和39）年まで約12年も続き、その後1966（昭和41）年からはFM放送に移り、1975（昭和50）年まで続く長寿番組となった。蘆原も自前のレコード・コレクションから選んだ秘蔵盤を放送局の現場に持ち込むなど、番組作りに熱心に取り組んだ。現在の日本のシニアのポピュラー音楽ファンは、シャンソン・ファンに限らず、この「リズムアワー」を聴いて育った人も多いはずだ。

短かったテレビとシャンソンの蜜月時代

1953（昭和28）年のダミアの来日が戦後の日本のシャンソン・ブームのきっかけを作ったということは、すでに触れた通りであるが、ダミア来日の2年後の1955（昭和30）年には、日本のシャンソン・ブームはさらなる盛りあがりを見せていた。この年にはNHKテレビで「シャンソン・アルバム」という番組が始まった。この番組は日本のテレビに登場した初めてのシャンソンのレギュラー番組である。番組のタイトルに〝シャンソン〟の文字が入っていること自体が、テレビのレギュラー番組としては初めてのことで、まさに画期的なことだった。この時期のシャンソンの人気のほどがわかる。

番組は毎週30分間放送され、出演者は、淡谷のり子、深緑夏代、福本泰子、高英男、芦野宏、宇井あきらなどの一流のシャンソン歌手に加えて、大谷冽子《きよこ》、砂原美智子、栗本尊子《たかこ》などのクラシック分野で活動するオペラ歌手たちも出演し、シャンソンを歌った。

しかしこの「シャンソン・アルバム」は、開始の4年後の1959（昭和34）年には「歌の花びら」と番組名が変更された。この番組がシャンソンだけではなく、他のジャンルの音楽も放送するようになったためである。

これでシャンソンだけを放送する番組は、他の民放テレビ番組も含めてなくなった。それはシャンソンのブームの沈静化を意味するものであった。この番組が「シャンソン・アルバム」

として放送された4年間が、日本のシャンソンのブームのピークといえる時期だったという見方ができる。

テレビ番組でレギュラーのシャンソン番組はなくなったが、その後も毎年1～2回は高視聴率をあげるシャンソンの番組が放送された。それはフランスから本場のシャンソン歌手が来日すると必ず放送される、コンサートの中継や、彼らがゲスト出演する特番（特別番組）である。

そのような番組は1953（昭和28）年のダミアの来日のときから始まっていた。ダミアのときはステージの中継はなかったが特番が放送された。

ふたり目の来日歌手であるジョセフィン・ベーカーは、ユダヤ系スペイン人とアフリカ系アメリカ人の両親のもとに生まれたため、自分と同じく人種差別に苦しむ子供たちの救済をライフワークにしていた。その話題もあって1954（昭和29）年の来日時はテレビ取材も多く、同時に彼女の歌もテレビで紹介された。

3人目のイヴェット・ジローは1957（昭和32）年の来日時に、NHKテレビの特番「イヴェット・ジローの夕べ」に出演して、歌とインタビューが放送された。TBSの特番で日本人歌手と共演する番組もあった。

続いて1958（昭和33）年から1961（昭和36）年にかけては、「パリのお嬢さん」のジャクリーヌ・フランソワ、「ラ・メール」「詩人の魂」のシャルル・トレネ、「パリの空の下」「ロマンス」のジュリエット・グレコが相次いで来日した。これらの歌手もそれぞれ日本テレビ、フジテレビ、TBSで、コンサートの中継やインタビュー番組があった。

そして1962（昭和37）年には、二度のキャンセルを経て、ついにファン待望のイヴ・モンタンが来日した。全国公演とTBS出演も実現し、やや下火になりかけていたシャンソンに音楽ファンの関心が一時的に戻ることになった。

シャンソン専門誌の誕生と増える楽譜出版

シャンソン・ブームの真《ま》っ只中《ただなか》といえる1957（昭和32）年には、シャンソン・ファンにとってまた嬉《うれ》しいことが起こった。それはシャンソン専門の雑誌『シャンソン』がシャンソン社から毎月発行されるようになったことである。オーナーはシャンソンの評論家で訳詞家としても活躍した永田文夫だった。彼は岸洋子のためにエンリコ・マシアスの「恋心」の名訳を書いたことでも知られる。

編集長にはパリ留学から帰国したばかりの浅野信二郎が任命された。翌年に、『シャンソン

散歩　巴里の四季』と題するパリ滞在記を、角川書店から出版した新進のライターだった。

『シャンソン』誌は折からのブームのなかで、執筆者も錚々《そうそう》たるメンバーが顔を揃えた。評論家の蘆原英了、高橋忠雄、藤岡公夫、ジャーナリストの伊奈一男、安倍寧《やすし》、岡野弁、小倉雄昭、詩人の野上彰、作曲家の高木東六、作家・作詞家の山口洋子などが、健筆を振るった。シャンソン歌手の随筆なども随時掲載された。

こういった定期刊行誌に加えて、単発の読み物のシャンソン読本もしばしば刊行された。まず1957（昭和32）年秋には、シャンソン社から『シャンソンのたのしみ』が出版された。これは100人を超すシャンソン歌手の名鑑で話題になった。同じ時期に、音楽之友社からは『シャンソン読本』が発行された。これも「シャンソン歌手三十二人集」というアーティストのまとまった情報が得られるようになっていた。

創学社からは『シャンソンの為に』が刊行されたが、これは当時の日本のシャンソン界の最前線で活躍していた、歌手、評論家、ミュージシャン、ライターのそれぞれの分野のリーダーたち総計30余名が、それぞれの立場でシャンソンとは何かを綴《つづ》った珍しい本で、大いに話題を呼んだ。

このようなシャンソンの読み物が連続して刊行されたのも、やはりこの時期が日本のシャンソン・ブームのさなかだったということだろう。

この時期に増えた出版物には、シャンソンの歌集や楽譜集もある。シャンソンを聴くだけではなく、自分でも歌ったり、楽器演奏で楽しんだりする人が多くなり、楽譜の必要性が高まったことによるものと考えられる。

そのスタートは『シャンソン・アルバム』というフランスのシャンソン曲だけを集めた楽譜集を、創学社が1950（昭和25）年に発売を開始したことだった。その第1集には「聞かせてよ愛の言葉を」「巴里祭」「人の気も知らないで」などが載せられていた。その後第7集まで発売され、各集に日本人好みのシャンソンのスタンダード・ナンバーが収録されていた。

これらの楽譜にはすべて日本語訳が掲載されており、いずれも創学社社長の内野和男をはじめ、薩摩忠、菅《すが》美沙緒ら、初期のシャンソン歌詞の訳詞家たちの作品であった。

その後、1950年代後半になると、音楽之友社、水星社、全音楽譜出版社などから、1曲ずつバラ売り（ピースものと呼ばれる）の楽譜や、10～20曲をまとめた楽譜集も発売されるようになった。さらに1957（昭和32）年に創学社が発売した『日本シャンソン代表作選集』という、日本人作曲家のシャンソン集も発売された。

シャンソンを歌いたいという人が集まる場所も多くなった。その頃全国的に増えていたシャンソンの音楽教室や塾である。そこに集まるのは、歌をうまく歌いたいというアマチュアも多かったが、歌手志望の若者もおり、そこで勉強し練習を重ねて、プロとしてのデビューの機会を探ろうとする者も少なくなかった。

このようなシャンソン教室のなかには、初期のものではクラシック歌手から転向した佐藤美子が1953（昭和28）年に開講した「クール・アン・クール・シャンソン塾」がある。さらには1955（昭和30）年開講の「菅美沙緒シャンソン教室」もあった。

本格的なシャンソン専門学院としては、1956（昭和31）年に、「東京エコール・ド・シャンソン」が誕生した。作曲家の高木東六が校長で、淡谷のり子、深緑夏代、高英男、芦野宏、宇井あきら、橘《たちばな》薫、薩摩忠などの講師が、多忙のなか指導に当たった。年に2回は銀座ヤマハホールで発表会を持ったというから、生徒数も少なくはなかったと思われる。このような状況もこの時期のシャンソン・ブームのなせるわざだった。

新しい装いのシャンソンを生んだ戦後のフランス映画

戦後初めて日本のシャンソン・ファンの心を捉えたシャンソンといえば、何といってもフランス映画「巴里の空の下セーヌは流れる」で歌われた、主題歌「パリの空の下」であろう。この映画は戦時中アメリカに逃れていて1950（昭和25）年にフランスに帰国した、ジュリアン・デュヴィヴィエ監督が製作したものである。

男性歌手のジャン・ブルトニエールがアコーディオンを弾きながら楽しげに歌ったこの歌は、戦前の日本で初めて公開されたフランスのトーキー映画「巴里の屋根の下」の同名主題歌の再来を思わせる曲で、フランスでもヒットしたが、シャンソンの新しい曲を待っていた日本のシャンソン・ファンも大いに喜んだ。主題歌「パリの空の下」も、まるでパリという街をそのまま音楽にしたような曲、という評価が生まれたほどだった。

1950年代のフランスの映画人たちのあいだでは、新しい時代の作品を作ろうという気運が高まっていたが、このように意外に戦前の香りがする映画や、シャンソンの香りの強い主題歌も生まれている。

たとえばこの時期にパリでもヒットし、日本でもヒットした映画主題歌のシャンソンには、つぎのような曲がある。

まず1954（昭和29）年製作の映画「フレンチ・カンカン」の主題歌「モンマルトルの丘」

がある。同年には映画「われら巴里ッ子」の主題歌「パリーのバラッド」もあった。さらに1956（昭和31）年の映画「恋多き女」の主題歌「ミアルカ」や、1957（昭和32）年の映画「悲しみよこんにちは」の主題歌「ボンジュール・トリステス」などもある。いずれもよき時代のシャンソンを思わせる親しみやすい曲である。

このようなオーソドックスなシャンソンの主題歌が歌われる映画が多いなかで、この時期のフランス映画の新しい流れのなかには、音楽を新しいかたちで使う映画も現れた。

そのひとつは1964（昭和39）年にジャック・ドゥミ監督、ミシェル・ルグラン音楽で作られた「シェルブールの雨傘」である。

これは戦争によって人生を変えられてしまった男女を主人公にしたミュージカル映画だが、通常のミュージカル映画のようにセリフと音楽（歌）によって物語が展開されるのではなく、セリフの部分も歌になっており、全編が歌と音楽で構成されている。

この映画の素晴らしいところは、感動的なストーリーがあって、全編がミュージカルというオリジナリティももちろんだが、何度も使われる主題歌「シェルブールの雨傘」が、映画のなかに埋没することはなく、映画を観ながらでも、観た後でも、しっかりと観客の心に残るということにあった。それがこの映画が世界的にヒットした最大の要因とされる。

そしてさらに強調すべきことは、そのようにして映画のなかで使われる主題歌の「シェルブールの雨傘」は、歌詞にしてもメロディにしても紛れもなくシャンソンであり、レコードで聴くだけでも感動的な歌であることだ。

この映画は第17回カンヌ国際映画祭でグランプリを受賞した。そして女性主人公を演じたカトリーヌ・ドヌーヴの出世作ともなった。

この時期のフランス映画に音楽の使い方の新鮮さで、大きな話題となった映画がもうひとつある。1957（昭和32）年に製作された「死刑台のエレベーター」である。

1950年代後半のフランスでは20代を中心とする若手の映画監督たちのあいだに、新しい感覚の映像作品を作ろうという、ヌーベルバーグ（新しい波）の動きが興った。この映画はその先駆的作品で、当時まだ25歳のルイ・マル監督が製作したものだが、音楽はアメリカのモダン・ジャズ界の人気トランペッター、マイルス・デイヴィス（当時31歳）に委嘱された。

撮影されたばかりのラッシュ（まだ音声の入っていない未編集プリント）のフィルムを見ながら、マイルスが即興演奏でサウンドトラックを完成させていったと伝えられるが、実際は事前の準備があったともいわれる。

映画のストーリーは、社長夫人が不倫相手の社員の男に社長である自分の夫を殺させるが、犯行後落ち合う場所に行くために男が乗ったエレベーターが止まってしまい、そこに悲劇が起こるというサスペンス映画である。

男の姿を探して夜の街を不安と焦りのなかで歩き回る主人公の女性の姿と心理を、マイルスの音楽が巧みに描写する。それがあまりにも見事なので、その点からもこの映画の評価は高まった。そして映画とジャズのマッチングの素晴らしさから、〝シネジャズ〟(シネマとジャズの合成語)という言葉も生まれ、その後いくつかの映画でも同様の取り組みが見られた。

ここでのマイルス・デイヴィスの音楽は、ジャズであると同時に新しい感覚のシャンソンと呼んでもよい音楽であり、その後作られることが多くなった楽器が奏でるシャンソンの流れを作った作品ともいえる(第7章参照)。

ロック時代のシャンソン～フレンチ・ポップスの到来

1960年代半ば、世界中がアメリカン・ポップスやビートルズに席巻され始めた頃、フランスでは〝イエイエ〟という独自のロック調のポップスが現れた。〝イエイエ〟とは英語の

yeah! をフランス風の発音で早口で繰り返したものといわれる。それらを含めて、その前後の時期に生まれたフランス語の歌や音楽は、フレンチ・ポップスと呼ばれるようになった。それは従来までシャンソンと呼ばれていた音楽のなかに、米英からの新しい音楽の流れに影響されて変化した音楽が生まれたと見ることができる。

そのような意味でフレンチ・ポップスとは、エレキギターやエレキベース、そして電子ピアノなどの電子楽器を多用する、ロックやジャズやディスコサウンドなどの影響を受けた、新しいかたちのシャンソンといえばよいのかもしれない。

この時期、日本ではフランスから到来した新しい音楽のなかから、注目されるアーティストや多くのヒット曲も生まれ、それらがフレンチ・ポップスという新しいフランス音楽の波として受けとめられるようになっていた。ここではフレンチ・ポップスのシンガーと呼ばれた4人の歌手の活動の概要とそのヒット曲の日本での広がりを振り返ってみる。

★フランス・ギャル「夢みるシャンソン人形」

日本でのフレンチ・ポップスは「夢みるシャンソン人形」と「アイドルを探せ」という2つのヒット曲から始まった。大きくヒットしたのは「夢みるシャンソン人形」で、この歌はセルジュ・ゲンスブールが作詞・作曲して、フランス・ギャルというフランスの少女歌手が歌った。世界的ヒットとなったのは1965（昭和40）年の第10回「ユーロビジョン・ソング・コンテスト」（この年はイタリアのナポリで開催）に出場したフランス・ギャルが、グランプリを受賞したことによる。

フランス・ギャルの「夢みるシャンソン人形」は、日本では1965（昭和40）年に発売され、発売直後に20万枚を超す大ヒットとなった。その後まもなくフランス・ギャルが日本語で歌うバージョンも発売され、それも大きなヒットとなった。そのときの訳詞は岩谷時子である。

「夢みるシャンソン人形」は日本人歌手によるカヴァーも多かった。シングル盤は、弘田三枝子、中尾ミエの2人だったが、アルバム収録曲として歌った歌手は、御大・越路吹雪をはじめ、伊東ゆかり、南沙織、小林麻美、浅田美代子、麻丘めぐみ、石野真子など枚挙にいとまがない。それはこの曲をフレンチ・ポップスの幕開けを飾った記念すべき曲として、多くの歌手が競ってレパートリーに加えた結果と見られるが、確かにポップで歌いやすい曲であった。この年の「NHK紅白歌合戦」では、中尾ミエがこの歌を（もちろん日本語で）歌っている。

★シルヴィ・ヴァルタン「アイドルを探せ」

「夢みるシャンソン人形」がヒットする1年前の1964（昭和39）年、日本で発売されたフレンチ・ポップスでヒットした歌がもう一曲あった。フランスの若手の女性歌手シルヴィ・ヴァルタンが歌った「アイドルを探せ」である。

この歌はフランス映画「アイドルを探せ」の主題歌で、映画のなかでもシルヴィ・ヴァルタンが歌った。作詞したのは、シャンソンの名曲として日本でもファンの多い「メケ・メケ」を作詞した、シャンソン歌手のシャルル・アズナヴールである。

「アイドルを探せ」も世界的にヒットし、日本でも初期のフレンチ・ポップスとしてかなりの人気曲となった。しかしメロディの軽快さや、愛らしさは「夢みるシャンソン人形」のほうが勝っており、流行のスケールとしては「夢みるシャンソン人形」には及ばなかった。

★ミッシェル・ポルナレフ「シェリーに口づけ」

1960年代も終盤にさしかかる頃、ひとりのフランスの男性ロック・ヴォーカリストが、世界的に注目されるようになった。それは〝フレンチ・ポップスのスーパースター〟というキャッチ・フレーズで宣伝された、ミッシェル・ポルナレフである。

彼は南フランスのネラックの生まれ。ウクライナ人の作曲家の父と、フランス人の母を持ち、5歳のとき一家でパリへ移り、パリ・コンセルヴァトワール（パリ音楽院）に入学してクラシック音楽を学ぶ。働きながらピアノを弾いたり、歌ったり、曲を作ったりして、ロック・アーティストへの道を歩き始める。やがてフランスの中堅レコード会社、Disc AZ（ディスク・アーゼット）から「ノンノン人形」という歌でデビューするがヒットせず、その後も約5年間は低迷していた。

70年代になってエピック・レコード（日本ではCBSソニーが発売）に移ってからは、彼にもチャンスが回ってきた。日本での最初のヒット曲は、1971（昭和46）年、ソニーのエピック・レコードがスタートしてまもなく発売された「シェリーに口づけ」だった。

この曲は1969（昭和44）年に「可愛《かわい》いシェリーのために」という日本語のタイトルで発売されていたのだが、邦題を変えてジャケットのデザインも変えたことがきっかけとなって、約40万枚が売れる大ヒットとなった。

彼は自分のファッションに気を遣うようになり、独特のカール・ヘアーと太い白縁のサングラスを、トレードマークにするようになっていた。

「シェリーに口づけ」が発売された1972（昭和47）年の春には、シングル盤「愛の休日」が、フランスでヒット・ランキング第1位を占め、日本でも年末から翌年にかけてランキング第1位を続けて、「シェリーに口づけ」を上回る大ヒットとなり、彼の人気をさらに上昇させた。

このような実績の積み重ねで彼のファンは確実に増えていった。彼のフレンチ・ポップスは、フランスと日本だけではなく世界の各地で、従来のシャンソンには飽き足らない若い音楽ファンの心を捉え、世界中にフランスの新しい音楽をアピールした。

★ダニエル・ビダル「オー・シャンゼリゼ」

女性歌手が歌ったフレンチ・ポップスとして、日本で人気の出た曲がもう1曲ある。「オー・シャンゼリゼ」という曲である。パリの有名なシャンゼリゼ通りをモチーフにした、パリ讃歌ともいうべき歌であるが、オリジナルは「ウォータールー・ロード」というロンドンの通りの名前をタイトルに持つイギリスの曲だった。

この曲はフランス語に訳される折に、「オー・シャンゼリゼ」という、フランスの歌のようなタイトルに変えられた。それは「ウォータールー（フランス語読みではワーテルロー）」は、戦争でフランス・ナポレオン軍がイギリスを含む連合に敗れたベルギーの戦場の名前なので、フランスでは使いにくい名前だったからだといわれる。

日本では1971（昭和46）年に、「オー・シャンゼリゼ」というタイトルで、フランスの女性歌手ダニエル・ビダルのレコードがヒットした。それがきっかけとなりその後、越路吹雪、ザ・ピーナッツ、南沙織などが歌った。佐良直美は1972（昭和47）年の「NHK紅白歌合戦」で歌った。また底抜けに明るいこの曲はテレビやラジオのCMに使われることも多かった。

このように1960年代半ばから1970年代にかけて、シャンソンのなかにフレンチ・ポップスと呼ばれる、若者にも好まれる新しい流れが生まれ、何曲かのヒット曲とそれを歌う新人歌手が登場した。そこからは従来までの勢いを失いかけていたシャンソンをよみがえらせる兆しも感じられた。あるいはそれ以上にシャンソンにとって代わる新しいフランスのポピュラー音楽の誕生への期待も生まれていた。

しかし残念なことにフレンチ・ポップスは、お膝元のフランスでも、そして日本でも大きく育つことはなかった。80年代以降は大きなヒット曲も生まれず、ミッシェル・ポルナレフに続くようなスターも出現しなかった。やがてフレンチ・ポップスという呼称も徐々に忘れられてしまうようになっていった。

2022（令和4）年10月にはフジテレビ系の長寿アニメーション番組「ちびまる子ちゃん」で、「お母さん、シャンソンを習う」の巻が放送されたが、そのシャンソン教室で歌われたのが「オー・シャンゼリゼ」だった。それは日本ではこの曲が現在ではフレンチ・ポップスとしてではなく、シャンソンとして歌われていることを意味するものであり、このことからフレンチ・ポップスは、シャンソンという大きな括《くく》りのなかに飲み込まれてしまったともいえる。

日本製シャンソンに挑戦した音楽家たち

ダミアが来日するまでは、淡谷のり子が歌う「人の気も知らないで」を、日本の流行歌、あるいは日本製のシャンソンと思っていたファンも多かった、ということはすでに紹介したが、その誤解は日本のシャンソン歌手がシャンソンを日本語（の訳詞）で歌うことが圧倒的に多い、ということから生まれたといえる。

しかし戦後の日本の音楽家のなかには、戦前の上原げんとのように純粋な日本製のシャンソンを作って、それを日本のシャンソン歌手や流行歌の歌手に歌わせたい、あわよくばフランスのシャンソン歌手にも歌わせたい、そしてそれをフランスでもヒットさせたいと願って挑戦する作曲家もいた。

そのなかでも最も意欲的に取り組んだのは、作曲家の服部良一である。彼はタンゴ、ブルース、ブギウギ、ルンバ、マンボなど、海外のポピュラー音楽を日本の流行歌に取り入れることに、生涯を通じて熱心に取り組み、多くのヒット曲も生んでいる。タンゴでは「夜のプラットホーム」「夢去りぬ」「鈴蘭物語」、ブルースでは「別れのブルース」「雨のブルース」、ブギウギでは「東京ブギウギ」「買物ブギー」などがその例である。彼はシャンソンにもチャレンジした。

最初のヒット作品は、終戦まもない１９４８（昭和23）年に発表した「東京の屋根の下」である。歌ったのは灰田勝彦だった。これはもちろん戦前のシャンソンのヒット曲「巴里の屋根の下」のタイトルとコンセプトを意識した曲だが、戦後の荒廃した東京で明るく暮らそうと呼びかける歌で、世相と曲調と灰田勝彦の軽快な唱法がうまく合致したことがヒットの要因となった。

その後、服部はシャンソン歌手として人気上昇中だった芦野宏を起用して、「古き巴里」（1950＝昭和25年）と「なつかしの巴里」（1955＝昭和30年）を作曲し、いずれもコロムビア・レコードから発表し注目された。この2曲を作詞したのは、戦前からの服部の盟友の西條八十だった。西條は1924（大正13）年にパリに留学し2年間の大学生活を送るが、そこで若い画家、山岸元子と出会い恋愛関係が生まれた。これらの曲の歌詞には、彼のパリでの忘れられない思い出が込められていた。

1963（昭和38）年になると、服部良一はさらに芦野宏の歌で「東京の雨」「東京の空の下隅田川は流れる」など4曲を、東芝レコードから一挙に発売する。当時芦野は、NHKテレビで朝の時間帯にレギュラー番組を持ち、毎回数曲のシャンソンを歌っていたので、持ち歌を増やしたい芦野の依頼に服部が協力したものと思われる。この時期に服部の作る歌の作詞には、藤浦洸《こう》、薩摩忠らが協力している。

この他、戦後のシャンソン・ブームの前後の時期に服部は、石井好子、宝田明、中原美紗緒らの歌手のためにも、新しいシャンソンを作曲している。戦後の数十年でその合計は30曲を超える。

ただしこれらの曲のなかからは、大きなヒット曲や後世に残るスタンダード・ナンバーのシャンソンは生まれなかった。その点は服部が作った日本製のタンゴやブルースとは違うところで、服部も残念に思っていたことだろう。

日本製のシャンソンの作曲に取り組んだ作曲家には高木東六もいる。最もヒットしたのは、1950（昭和25）年に二葉あき子の歌でレコード化された「水色のワルツ」である。ちなみに、服部良一作曲のタンゴ調のヒット曲「夜のプラットホーム」を歌ったのも二葉あき子である。

かねがね高木東六は、「自分は日本の流行歌は、ヨナ抜き音階（ドレミファソラシドのうち4番目のファと7番目のシが抜けている音階）が多いので嫌いだ」と言っていた。この「水色のワルツ」もヨナ抜き音階は使っていない。彼はこの曲を流行歌ではなくシャンソンとして作曲したと言っている。高木東六は他にも「恋のワルツ」「モン・プティット・シェリー」など、フランスの香りのするシャンソン風な歌曲を作曲し、若手のクラシック歌手たちにも好んで歌われた。

「見上げてごらん夜の星を」という大ヒットを持つ作曲家、いずみたくも、日本のシャンソンを作ることに意欲的だった。坂本九が歌ったこの曲もシャンソンのテイストを持つ曲といえるが、いずみたくは岸洋子が1964（昭和39）年に歌った「夜明けのうた」と、1970（昭和45）年に歌った「希望」を作曲した。これらは、いずみにとっても岸洋子にとっても代表作となったばかりではなく、日本のシャンソンを代表する名曲として評価されるようになった。

この2曲はシャンソンの番組だけで歌われるのではなく、流行歌の番組でも日本を代表する流行歌として歌われることも多い。

レコード会社や通販会社の「シャンソン大全集」などというタイトルのCD企画に収録されたり、「シャンソンのすべて」などの放送番組で放送されたりする曲は、ほとんどがフランス製のシャンソン曲であるが、「夜明けのうた」と「希望」は、日本の曲でありながら選ばれることもしばしばである。それほどこの2曲は日本製ながらシャンソンらしい曲という評価をされている。

「雪の降るまちを」という歌も日本製シャンソンの名曲であり代表曲である。「ちいさい秋みつけた」「めだかの学校」「夏の思い出」などの童謡・唱歌を作った作曲家の中田喜直が、1951（昭和26）年、シャンソンの香りの強いこの歌を作曲した。

この歌は当時放送されていたNHKラジオの連続放送劇「えり子とともに」の挿入歌としてとても好評だった。番組終了後の1953（昭和28）年2月から、NHKラジオ歌謡として、シャンソン歌手の高英男が歌ったが、これも好評が続いた。NHKの「みんなのうた」でも放送されたが、そこでは立川澄人《すみと》（後に清登）と東京少年少女合唱隊が歌った。

このような経過があってキングレコードでは、「雪の降るまちを」を高英男の歌でレコード化したが、日本製シャンソンのスタンダードとして、長く歌われる曲となった。

「NHK紅白歌合戦」とシャンソン

「NHK紅白歌合戦」（以下、紅白歌合戦）は太平洋戦争の終戦から6年後の1951（昭和26）年の正月に、ラジオ番組としてスタートした。2年後の1953（昭和28）年には、正月に第3回「紅白歌合戦」が放送されたが、同年の大晦日《おおみそか》に第4回が放送された。それ以後、「紅白歌合戦」は毎年大晦日恒例の番組として続くことになった。また第4回からはテレビ放送も加わり、毎年約2時間半の放送となった。

出演するのは日本の歌手やグループのなかから、その年に最も活躍したとされる合計約50人（1グループもひとりとして）である。女性歌手と男性歌手が紅白2組に分かれて、男女対抗形式で熱戦がくり広げられる。

毎年1回だけの番組ではあるが、その年の音楽の流行の傾向を知ることができることや、それが限られたジャンルの音楽だけではなく、幅広い層にまたがる多くのジャンルから選ばれた音楽であるため、多くの視聴者の関心を集めてきた。視聴者の年齢層の広さやその視聴率の高さから、国民的イベントともいわれるようになった。


紅白歌合戦で歌われる歌が、その年のヒット曲であり話題の曲だとすれば、シャンソンが紅白歌合戦でどのくらい歌われてきたのかを見ることによって、シャンソンが日本の流行歌のなかで占めてきた位置を見ることができるはずである。

この番組にシャンソン歌手が出演したのは、番組開始の翌年1952（昭和27）年に開催された第2回の越路吹雪（歌「ビギン・ザ・ビギン」）が初めてであり、翌年の第3回に高英男（歌「ロマンス」）、第4回に淡谷のり子（歌「アデュー」）が続いた。そして2015（平成27）年（第66回）に、美輪明宏（歌「ヨイトマケの唄」）が出演（現時点ではシャンソン歌手としての最後の出演）するまでの約65年間に、合計13名のシャンソン歌手が、のべ104回の出演を果たしている。

表1　「NHK紅白歌合戦」への年度別シャンソン歌手出演人数 ～1951年から1970年まで

1951年（第1回）	—	1952年（第2回）	1人	1953年（第3・4回）	2人
1954年（第5回）	3人	1955年（第6回）	2人	1956年（第7回）	6人
1957年（第8回）	6人	1958年（第9回）	6人	1959年（第10回）	7人
1960年（第11回）	7人	1961年（第12回）	7人	1962年（第13回）	4人
1963年（第14回）	3人	1964年（第15回）	5人	1965年（第16回）	3人
1966年（第17回）	2人	1967年（第18回）	3人	1968年（第19回）	4人
1969年（第20回）	3人	1970年（第21回）	1人		

表2　歌手別の通算出場回数と出場年度 ～1951年から2015年まで

越路吹雪	計15回（1952、1956～1969）	高　英男	計7回（1953～1961）※1955、1958は不出場
淡谷のり子	計9回（1953～1954、1956～1961、1964）	芦野　宏	計10回（1955～1964）
ペギー葉山	計14回（1954～1965、1968、1989）	中原美紗緒	計7回（1956～1962）
石井好子	計4回（1958～1961）	岸　洋子	計7回（1964～1969、1971）
菅原洋一	計22回（1967～1988）	加藤登紀子	計3回（1971、1989～1990）
金子由香利	計1回（1987）	クミコ	計1回（2010）
美輪明宏	計4回（2012～2015）	<合計 13人 104回>	

1972年（第23回）以後は、シャンソン歌手の出場は急減し、毎年0～2人となる。特に2000年代になってからは、2010年にクミコが1回、2012～2015年に美輪明宏が4回連続出場したのみ。

前ページに掲出している2つの表をご覧いただきたい。

まず表1からは、紅白歌合戦が始まって20年間のうちの1956（昭和31）年から1961（昭和36）年の6年間に、毎年6〜7人のシャンソン歌手が出演していることがわかる。それは毎年の全出場者約50人のなかでは、1割以上を占めており、決して低い数字ではない。この時期は日本ではシャンソンのブームが始まり、ピークを迎えていた時期といわれるが、これだけの人数のシャンソン歌手が紅白歌合戦に出場している事実は、それを裏づけるものといえる。

さらに表2を見ると、この6年間（1956〜1961年）には、淡谷のり子、高英男、越路吹雪、芦野宏、中原美紗緒、ペギー葉山の6人がほぼ毎年連続して出場している（高英男は1958＝昭和33年のみ不出場）。これも同様に、この時期のシャンソンの人気を物語っていると思われる。


しかしその後1960年代が進んでいくにつれて、シャンソン歌手の紅白歌合戦への出場は急減していく。それはシャンソン・ブームの終焉《しゅうえん》ということもあったが、単にそれだけでなく、日本の音楽ファンの嗜好が多様化していく過程で起こった、洋楽離れを伴う流行歌のあり方の変化という要因も大きかったと考えられる。それに伴って紅白歌合戦のあり方も変化する方向に向かった。

21世紀に入ってからは、それまで日本のポピュラー音楽の主役だった流行歌の存在自体も危惧される事態も起こり、紅白歌合戦もその存続も含めて、大きな壁にぶつかるようになった

（この節で示した、出場歌手の人数や出場回数のデータは、NHKオフィシャル・サイト「紅白歌合戦ヒストリー」による）。

第4章　「シャンソンは日本語で歌うもの」

〜なかにし礼の信念と仕事

なかにし礼。2015年２月。
写真：毎日新聞社／アフロ

なかにし礼とシャンソンとのかかわりが、とても長くて深いものだったということは、これまであまり広くは知られていなかったのではないだろうか。このことは2020（令和2）年の暮れに彼が逝去して、生前の業績を振り返るということが盛んに行われたなかで、改めて認識されたといってもいいのではないか。それは彼の流行歌の作詞家としての仕事のほうが、あまりにも強い光を放っていたからということもあるだろう。

戦前のある時期に相次いで日本に到来した海外のポピュラー音楽のなかでは、タンゴとシャンソンがよく比較される。アルゼンチン生まれのタンゴが、日本でも原語、すなわちスペイン語で歌われることが多かったのに対して、フランス生まれのシャンソンは、日本語に翻訳されて歌われることが多かった。それは両者の日本での広がりの過程における注目すべき相違点である。その背景にはタンゴの激しいリズムに日本語がそぐわないという理由で、タンゴ・ファンはタンゴが日本語訳で歌われることを嫌ったが、シャンソン・ファンは、むしろ日本語の訳詞を喜んで受け入れたということがある。

その結果、シャンソンにはフランス語の原詩に勝るとも劣らない、日本語の歌詞の名訳が数多く生まれた。それはシャンソンの世界では多くの才能ある訳詞家が育っていたということを意味する。なかでも、なかにし礼の存在は大きかった。日本のシャンソンが日本語で歌われることによって発展したとすれば、かかわった歌手の顔ぶれ、訳した歌の質量やヒット実績などからも、彼は大きな功労者という見方ができる。

ここでは、そのようななかにし礼とシャンソンとの浅からぬかかわりのなかから、いくつかの注目すべきエピソードを見ていくことにしたい。

シャンソンとのかかわり〜それは喫茶「べコー」から始まった

なかにし礼とシャンソンとの関係は、彼がまだ高校を卒業したばかりの頃、年上の友人に誘われて、東京・神田神保町《じんぼうちょう》の喫茶店「べコー」に足を踏み入れたときから始まった。

「べコー」はその頃各地の繁華街や学生街に多くなっていた音楽喫茶のひとつで、コーヒーを飲みながらシャンソンのレコードが聴ける店だった。その日、彼はそこで今までほとんど聴いたことがなかったシャンソンという音楽を長い時間聴き続け、その素晴らしさに感激したという。

まもなく彼が2度目に「べコー」を訪問したとき、店はなくなっていた。探してみると「べコー」は神保町からはそれほど遠くない、御茶ノ水駅の近くに移転しており、店名も「ジロー」に変わっていた。新しい店は駅前で立地条件もよく、スペースも格段に広くなり、「ベコー」にも増してフランスの匂いがする、雰囲気のよい店になっていた。ここで彼とシャンソンとの本格的な付き合いが始まった。

新装開店の「ジロー」ではウェイターを募集していた。彼はすぐに応募してアルバイトとして採用された。彼はシャンソンという音楽に、どっぷり浸《つ》かる生活を送ることになった。

約半年が経過する頃に彼にとってひとつのチャンスが訪れた。「ジロー」で毎週末の夜、「シャンソンの夕べ」というライブ・コンサートが開かれるようになったのだ。

このコンサートは「ジロー」としては、集客と新人歌手の発掘・養成というふたつの目的があったが、店主の狙いは成功した。今までのレコード喫茶だった時代と違い、「ジロー」には歌手やその志望者が出入りをするようになった。そのなかにはまだ若い頃の、岸洋子や金子由香利もいたという。その結果アーティスト目当ての馴染み客も増えて、特にライブのある週末の夜は大入りとなることも多くなった。

このような状況のなかで、今までシャンソンのライブを聴いた経験がなかったなかにし礼は、意外なことに気がついた。それはライブに出演する歌手の多くが、フランス語ではなく、日本語でシャンソンを歌うことだった。

同時に彼は日本語で歌われるシャンソンが、日本人にとってとてもわかりやすく、楽しく聴けるものであることに気がついた。

やがて彼はライブで歌われている日本語訳の歌詞を聴くうちに、自分ならもっとうまく訳せるのにと思うことも多くなった。そして自分もシャンソンの歌詞を日本語に訳してみたいと思うようになった。

チャンスはまもなく訪れた。なかにしがフランス語を勉強していることを聞きつけた石井祥子《しょうこ》（後に昌子）という歌手から、自分の歌う曲の歌詞の翻訳をしてほしいという依頼がきたのだ。「セ・ラムール」という曲だった。

楽譜とレコードと辞書と格闘して2日間で仕上げた訳詞を手渡すと、石井祥子は彼の日本語訳を気に入ってくれた。そして５００円という翻訳料を支払ってくれた。彼が当時住んでいたアパートの家賃に相当するその額は、アルバイト生活の彼にとって思いがけないほど高額だった。彼は訳詞という仕事にますます興味を持つようになった。

その後彼には、石井祥子から別の曲の訳詞の注文がくるようになり、伝え聞いた他の歌手からも同様のオファーがくるようになった。

このようにして、なかにし礼はシャンソンの訳詞という仕事に足を踏み入れるようになった。彼が「ジロー」で訳詞の仕事を始めたのは1959（昭和34）年であり、フランスから歌手ダミアが来日した6年後のことで、まさに日本にシャンソン・ブームが到来していた時期である。

深緑夏代から学んだシャンソンの訳し方

1960（昭和35）年になると、なかにし礼がシャンソンの訳詞家として、さらにもう一段ステップ・アップするきっかけが訪れた。それは宝塚歌劇団出身の深緑夏代という歌手との出会いである。

このときもそのきっかけは「ジロー」で出会った歌手、石井祥子からだった。名古屋の中部日本放送で流すラジオ歌謡の、その年の9月の歌になる曲の歌詞を書かないか、という誘いだった。なかにしはそれに飛びついた。できあがった「めぐり来る秋の日に」という歌を歌ったのが深緑だった。

深緑夏代は戦前の1935（昭和10）年に宝塚少女歌劇団に入団し、歌のうまい新人として人気を得て活躍していたが、クラシックのオペラ歌手としても通用する実力派だった。終戦の翌年1946（昭和21）年の、宝塚歌劇団戦後再開第1回公演の「カルメン」では、人気男役スターの春日野八千代の相手役であるカルメン（主役）に抜擢《ばってき》されて、ハバネラの名唱「恋は野の鳥」を見事に歌い、自らも娘役のスターとなった。その後、関西クラシック・オペラにも出演し、歌劇「カルメン」ではカルメン役でプロ歌手の藤原義江や砂原美智子と渡り合うほどの実力派だった。

また花の都パリを舞台とする演目の多い宝塚歌劇団では、シャンソンが歌われるレビューが圧倒的に多かったが、深緑夏代はシャンソンの歌い手としても、同年代の越路吹雪とともに宝塚歌劇団を代表する人気歌手だった。

なかでも1952（昭和27）年6月と7月に行われた「シャンソン・ド・パリ」の公演では、「枯葉」「ラ・セーヌ」などのシャンソンの名曲を、日本で初めて歌って大好評を博し、その直後に起こった日本のシャンソン・ブームの先がけを作ったともいわれる。

戦後の約10年間、宝塚歌劇団のスターとして活躍した深緑は、1955（昭和30）年に宝塚を退団した。そしてシャンソン歌手としての活動を始める。シャンソン喫茶での実績を積みあげて歌手となっていく多くの新人とは異なり、宝塚のスターから転身した彼女は、独立の時点から人気と実力を持つエリート歌手だった。

さらに彼女は1966（昭和41）年からは、宝塚歌劇団のシャンソンの講師に迎えられ、後輩の指導を委嘱される。これを皮切りに、朝日カルチャーセンターなど各地のシャンソン教室での指導者としても多忙を極めるようになった。

中部日本放送スタジオにおける、ラジオ歌謡「めぐり来る秋の日に」の深緑夏代の録音は、作詞者なかにし礼も駆けつけて無事終了した。彼が気にしていた歌詞についての深緑の反応も上々で、その出来栄えを褒めてくれた。

さらに彼にとって喜ばしかったことは、その場で深緑の口から「これから私の歌うシャンソンの翻訳をしてほしい」という、願ってもない言葉を聞くことができたことであった。

東京に戻ると、深緑からは「ジプシーの恋歌」というジョルジュ・ムスタキの歌を皮切りに、訳詞のリクエストが次々にくるようになった。

なかにしができあがった訳詞を深緑の家に届けると、彼女は毎回それを歌いながら、「ここはこうして」との修正や、その理由の説明などを懇切丁寧にしてくれた。それは「まだ経験の浅かった私を育てる気持ちで接してくれていたから」と、なかにしは述懐している。そしてシャンソン翻訳の極意のようなものを教わったとも述べている。

シャンソン界の大御所である深緑夏代が、なかにし礼に訳詞を依頼し、それを歌っているという噂《うわさ》はすぐに広がった。なかにしへの他の歌手からの訳詞の注文もますます増えていった。なかにしにはシャンソンの訳詞家として狙っていたことがあった。それは日本のシャンソンの殿堂である、銀座の「銀巴里」に出演する歌手の訳詞をすることであった。「銀巴里」は1951（昭和26）年に開店し、この時期にはすでに日本のシャンソンの聖地となっており、シャンソン歌手を目指すアーティストにとっては「銀巴里」へのデビューは夢であった。訳詞家のなかにしにとってもそれは同じだった。

深緑の訳詞をするようになってまもなく、なかにしのその夢が実現することになった。ある日、仲マサコという歌手から電話がかかってきた。仲マサコは「銀巴里」で歌っている歌手だ。「ジョリ・モーム」という歌を翻訳してほしい、という依頼だった。「ジョリ・モーム」は、ジュリエット・グレコが歌った娼婦の歌である。

「ジョリ・モーム」の訳詞がきっかけとなって、なかにしも訳詞家として念願の「銀巴里」にしばしば出入りするようになる。美輪明宏との交流もそこで始まり、他の一流の歌手や音楽ビジネスの関係者とのかかわりも深くなった。さらには常連として「銀巴里」に足繁《あししげ》く通う文化人たちとの付き合いも始まった。

なかにしにとってそのような人脈は、シャンソンの訳詞家としての活動だけではなく、その後彼が踏み込んでゆく流行歌の作詞家、あるいは小説作家としても役立つことになった。

〝過去〟へのこだわりが生んだヒット曲「知りたくないの」

仲マサコのために「ジョリ・モーム」を訳詞し、「銀巴里」に出入りをするようになってしばらくした頃、なかにしに今度はレコード会社のポリドールから電話があり、菅原洋一という歌手に歌わせるためのふたつの曲の訳詞を頼まれた。「知りたくないの」と「恋心」である。

この仕事は、なかにしにとって、世の中に彼の訳詞家としての名前が今まで以上に知られることになるきっかけを作るものとなった。

なかでも「知りたくないの」は、なかにしにとって忘れることのできない出世作となった。それは菅原にとっても同様だった。しかしこの曲の訳詞完成への道筋で、訳詞家・なかにし礼と、歌手・菅原洋一のあいだには、ある言葉の使い方で意見の違いが生じ、大きなわだかまりが生まれた。

問題となったのは、たった2文字の〝過去〟という言葉だった。なかにしの訳では、曲の冒頭に「あなたの〝過去〟など知りたくないの」という歌詞があった。菅原は〝過去〟という言葉が、ポピュラー・ソングの歌詞には硬い感じでふさわしくない、しかも同じカ行の言葉が重なっていてとても歌いにくい、とクレームをつけた。

それに対してなかにしは〝過去〟という言葉は、これまで日本の流行歌に使われたことがなく、新鮮で斬新な言葉であり、そして「知りたくないの」というこの曲の全体のイメージをひと言で表現するキーワードで、自分が訳詞の作業の半ばで閃《ひらめ》いた大切な言葉だ、と主張した。

結局両者は互いに譲らず、1回目のレコーディングは途中で中止となり、後日の2回目で、菅原が譲歩してやっと続行ということになった。

結果として、この「知りたくないの」は、80万枚の大ヒット曲となった。そこではなかにしが消すことを強く拒否した〝過去〟という言葉が、この曲のヒットを牽引したのではないかと関係者のあいだで話題になった。菅原もそれを認めざるを得なかった。

じつはこの歌のオリジナルはシャンソンではなく、アメリカのカントリー&ウェスタンの〝I really don't want to know〟=「私は本当に知りたくない」という歌だった。菅原はこの歌が好きで、長い間「たそがれのワルツ」として別の日本語訳で歌ってきた。当初、菅原がこの歌の歌詞に〝過去〟という言葉を入れるのを嫌ったのも、歌い慣れた歌詞にはない言葉で、違和感を持ったからかもしれない。

なかにしは別の場面で、歌の訳詞は「もののみごとにやればどんな意訳でも喜ばれる」と言っており、「そこで大切なのは閃きの言葉に出会うこと」とも言っている。

「恋心」における訳詞者としての迷い～原詩はどこまで尊重すべきか

このときの菅原洋一のレコーディングのために、なかにし礼がポリドールのディレクターから訳詞を依頼された曲がもう1曲あった。それはシャンソンの「恋心」である。

この曲は1964（昭和39）年、エンリコ・マシアスの歌のオリジナル録音盤がヒットして、日本でもよく知られるようになった。まもなく岸洋子が日本語で歌い、そのレコードも大きくヒットした。そこでは永田文夫の訳詞が使われていた。

菅原洋一のレコーディングに際しては、その永田文夫の訳詞は使わないことになり、新たな訳詞を作ることになった。それが、なかにし礼に依頼されたのだ。

菅原洋一のためにこの「恋心」を訳詞するにあたって、なかにしには迷いがあった。それはフランス語の原詩をどこまで尊重するかという問題だった。

そもそもエンリコ・マシアスとパスカル・ルネ・ブランが作ったこの曲の原詩の内容は、「恋は不死鳥のように、一度死んだと思っていても、その灰のなかからよみがえってくる。恋は売ることも買うこともできない、なにものにも代えがたいものだ」という趣旨で、〝恋〟を讃美するものだった。

これに対して永田文夫の訳詞は「恋なんてむなしいもの、はかないもの、悲しいもの、恋なんてなんにもならない」という内容で、決して〝恋〟を讃美するものではなかった。

そしてなかにし礼が作った新しい訳詞も結局は、「ムダな事さ　恋なんて　深い悲しみをつくるだけさ　ムダな事さ　愛するなんて　哀れなピエロの　一人芝居……（後略）」という内容で、〝恋〟を否定するものになり、原詩に沿ったものではなかった。

このなかにしの訳詞に、レコード・ディレクターからも歌手の菅原からもクレームはなかったという。

しかしなかにしは、後になってこのような訳詞にしたことを後悔したと述べている。それは原詩の内容とは正反対に近い意味の詞にしてしまったことへの、訳詞者としてのうしろめたさだった。外国曲の日本語訳の場合にしばしば問題とされる、直訳にするか、意訳にするか、あるいはどこまで意訳が許されるのかという問題に、なかにしも大いに悩んだということである。

ここからいえることは、外国曲の訳詞というものは、原詩の趣旨や内容を変えることがあるということだ。「恋心」の例のように逆の意味にしてしまうことさえ起こる。特にシャンソンは日本語の訳詞で歌われることが多いために、多くの日本のシャンソン・ファンは、原詩の内容を知らないままに、終わってしまっているのではないだろうか。それは本当にその歌を理解することになるのだろうかという疑問も残る。

女歌にするか男歌にするか～訳詞者のもうひとつの迷い

菅原洋一のために「恋心」の新しい訳詞をするに際して、なかにし礼が悩んだことがもうひとつあった。それは菅原洋一という男性歌手に、岸洋子が歌ったような、女性の気持ちを女性の言葉で歌う歌詞を書いてもよいのか、という問題である。

先行してヒットしていた永田文夫の訳詞は、女性歌手の岸洋子のために作られたもので、女性の気持ちや言葉で書かれていた。しかもそれが大いにヒットしているということは、多くのファンがその歌詞に親しんでおり、好まれているということである。

しかし今回は男性歌手である菅原洋一のための訳詞である。それでも女性の気持ちや言葉で書くべきなのか。そこが問題だった。
熟慮の結果、なかにしは男性言葉の訳詞を作った。永田の訳となかにしの訳、ふたつの訳詞を比べてみよう。

まず、岸洋子が歌った永田文夫の訳は、こうなっている。

「恋心」 訳：永田文夫

恋は不思議ね　消えたはずの
灰の中から　何故に燃える
ときめく心　せつない胸
別れを告げた　二人なのに
恋なんて　むなしいものね
恋なんて　何になるの

いっぽう、菅原洋一のためになかにし礼が作った訳はつぎの通り。

「恋心」　訳：なかにし礼

ムダな事さ　恋なんて
深い悲しみをつくるだけさ
ムダな事さ　愛するなんて
哀れなピエロの　一人芝居
甘い恋の　みじめな最後を
君はぼくに　教えてくれた

このふたつの歌詞を比較するとわかるように、永田訳は「むなしいものね」や「何になるの」などの女性言葉が使われているのに対して、なかにし訳では「つくるだけさ」とか「君はぼくに」などの男性言葉が使われている。

日本には、男歌、女歌という言い方がある。男歌とは女性歌手が男の言葉で男の気持ちを歌うものをいい、女歌とはその逆に、男性歌手が女性の立場に立って、女の言葉で女の気持ちを歌うものである。

演歌では八代亜紀の「舟唄」や、美空ひばりの「柔《やわら》」などは男歌であり、殿さまキングスの「なみだの操」や、宮史郎とぴんからトリオの「女のみち」は女歌である。

従って、もし菅原洋一が「恋心」を永田文夫の訳詞で歌えば、女歌ということになる。しかし菅原洋一が女歌を歌うのはこの場合ふさわしくない、という判断があり、なかにし礼は、男の言葉の訳詞を書いた。ディレクター、歌手の事前の了解もあったことだろう。

日本の流行歌の歴史のなかでは、女歌が頻繁に作られて流行したことがある。1960年代にムード・コーラスと呼ばれた男声コーラス・グループが相次いでデビューしたときである。1967（昭和42）年に黒沢明とロス・プリモスによる「ラブユー東京」という歌が脚光を浴び、翌年1月に始まったオリジナルコンフィデンス（オリコン）のシングルランキングの初回で第1位になった。

続いて1968（昭和43）年に、ロス・インディオスが「コモエスタ赤坂」と「知りすぎたのね」の連続ヒットで注目を浴びた。さらに後年、敏《とし》いとうとハッピー&ブルーが「わたし祈ってます」で大ヒットを記録した。

当時ムード・コーラスと呼ばれたこれらの男声コーラス・グループは、男性のリードボーカルが、女性の気持ちを女性言葉で歌っていた。そこでは女歌のブームともいえる状況が生まれていた。

なお、ロス・インディオスが歌った「知りすぎたのね」は、なかにし礼が女性歌手のロミ・山田のために作詞・作曲した曲であり、レコードも発売されている。石原裕次郎もこの曲を歌っている。この歌のオリジナルの歌詞は女性言葉なので、裕次郎も女歌を歌ったことになる。


もし、なかにし礼が、菅原洋一に女歌の「恋心」を書いていたら、少し違う展開があったかもしれない。残念ながら、なかにし訳の菅原洋一の「恋心」は永田訳の岸洋子の「恋心」をしのぐことはできなかった。それは現在にいたるまで「恋心」は、プロの歌手がステージで歌うのも、一般の人がカラオケで歌うのも、男女を問わず永田訳が多いことでも明らかだ。

2020（令和2）年の年末に、なかにし礼が惜しまれつつこの世を去ったときには、新聞・雑誌、さらにはSNSのなかでも多くの追悼記事やコメントが掲載され、ラジオ・テレビでも多くの追悼の番組が放送された。

そのなかでシャンソンの訳詞家としての活動が軌道に乗っていたなかにしが、なぜ流行歌の作詞家に転身したのかについても話題になった。そこでは石原裕次郎との出会いがきっかけだったということが改めて大きく注目され、どの追悼番組でもそのいきさつが紹介された。これについてはなかにし礼本人が自伝的小説『黄昏《たそがれ》に歌え』のなかで詳しく述べているが、その話を要約すればつぎのようなことである。

1963（昭和38）年の夏の終わり、なかにし礼は新婚旅行で静岡県伊豆の下田東急ホテルに泊まった。そこでなかにしは石原裕次郎に出会う。映画「太平洋ひとりぼっち」のロケ撮影で同じホテルに投宿していた裕次郎から突然呼び止められ、新婚カップルへの祝いだとしてビールを奢《おご》られた。そこで思いもかけない話が出た。

裕次郎はなかにしがシャンソンの訳詞家であると聞いて、「フランスの歌を日本語にしたってつまらない。日本人なら日本の歌を書けよ」と言った。さらに「頑張ってオレが歌う歌を書くようになれ。そうすれば一流の作詞家になれる。いい歌ができたら持ってこい」とも言った。裕次郎にしてみれば新婚の若者への何気ない助言のつもりだったかもしれなかった。

それがきっかけだった。このチャンスを逃す手はない。将来の希望である小説家になる足がかりになるかもしれない。そう思ったなかにしは、その後「涙と雨にぬれて」という歌詞を書き、東京の石原プロに持ち込んだ。

それからしばらくは音沙汰がなかった。しかし2年後に急に話が進み、石原プロの新人歌手の裕圭子《ひろけいこ》にロス・インディオスのコーラスが加わって、ポリドールでこの歌が録音されることになった。レコード発売されたのは1966（昭和41）年の春のことだった。

まもなく「涙と雨にぬれて」はビクターからもオファーがきて、田代美代子と人気コーラス・グループの和田弘とマヒナスターズの歌で、録音・発売された。なかにしの流行歌の第一作は、思いがけなく競作ということになった。

結果としては裕圭子の盤はあまり売れなかったが、ビクターの田代・マヒナ盤は大きなヒットとなった。この歌のヒットでなかにし礼の流行歌の作詞家としての実力も、音楽関係者やファンに認められるようになった。

石原裕次郎は下田のホテルでのもうひとつの約束も忘れてはいなかった。なかにしが一人前になったら、自分が歌う曲を書かせるという約束だ。1966(昭和41)年、裕次郎が主演する「嵐来たり去る」という新しい映画の主題歌の歌詞を、なかにしが書くことになった。それは「男の嵐」という歌だった。1967(昭和42)年にはなかにしは、裕次郎のためにさらに2曲の歌詞を書いた。「帰らざる海辺」と「ひとりのクラブ」という歌である。

石原裕次郎は俳優としては刑事ものやアクションものへの出演という〝動〟の活躍が目立ついっぽうで、歌手としては主にムード歌謡という〝静〟の分野に取り組んだ。彼のヒット曲には、「銀座の恋の物語」(牧村旬子とデュエット)、「夜霧よ今夜も有難う」「ささやきのタンゴ」「錆《さ》びたナイフ」「俺は待ってるぜ」など、都会風のムード歌謡が多い。

なかにし礼が作詞した、「帰らざる海辺」や「ひとりのクラブ」も大人のムード、都会のムードの曲であり、残念ながら2曲とも大きなヒットにはならなかったが、裕次郎のよさを生かした曲で、シャンソンの香りもほのかに感じられ、裕次郎は好んで歌った。

美輪明宏のシャンソンに取り組む姿勢への共感

すでに述べた通り、東京の銀座7丁目に「銀巴里」というシャンソンのライブハウスが開業したのは、1951（昭和26）年のことだった。その後日本のシャンソン・ファンの聖地ともなるシャンソン小屋だったが、最初の数年間は客の入りが悪かった。

その頃、紫色ずくめの衣装の〝お化け〟が、銀座・数寄屋橋あたりに現れる、という噂が立った。その正体は「銀巴里」の宣伝マンを買って出た丸山明宏（後の美輪明宏）だった。

彼は「銀巴里」の開店の翌年から専属となっていたが、店の不入りを見かねて、奇抜なコスチュームでシャンソンの「バラ色の人生」をフランス語で歌いながら、集まった人をまるで〝ハーメルンの笛吹き男〟のように、「銀巴里」に誘い込んだのである。

丸山の涙ぐましい協力もあり、客の入りもよくなっていった。本人の人気も高まり、他の出演歌手の陣容も充実して、「銀巴里」は軌道に乗っていった。やがて丸山明宏は美輪明宏と改名し、「銀巴里」の帝王とも呼ばれるようになった。

なかにし礼が「銀巴里」に出入りするようになったのは、この時期からしばらく後のことである。歌手・仲マサコの歌を皮切りに、「銀巴里」に出演する歌手のフランス語の歌の歌詞を日本語に翻訳することになって、なかにし礼の長い「銀巴里」通いが始まった。彼は「銀巴里」の客席に座り込んで訳詞の仕事に取り組むことが多かった。

美輪明宏は自分で歌うシャンソンの訳詞も、オリジナルのシャンソンの作詞も、自分でやってしまうことが多いシンガー・ソングライターだったので、なかにしと美輪の交流は歌手と訳詞家というスタンスではなかったが、それでもなかにしにとって美輪は、非常に魅力を感じる音楽家で、尊敬し敬愛もする芸術家だった。

それは美輪の作る歌や、歌う歌を貫くバックボーンに、他の歌手にはないシャンソンへの彼独自の強い信念があることを、なかにしは感じていたからである。

18世紀後半のフランスは、まもなく起こるフランス革命を控え、民衆の力が強くなっていた時期であった。この時期のシャンソンは、権力への抵抗や、社会の風刺に徹し、王族・貴族や政府高官をやり玉にあげるもので、民衆の自由への欲求が満ちあふれていた。シャンソンは民衆の抵抗の歌として作られていた。

シャンソンに速いテンポの3拍子＝ワルツの曲が多いのも、このような成り立ちに起因するという。ワルツはフランスやヨーロッパの人々にとって、優雅なダンスのリズムであると同時に、自由への戦いに向かうリズムでもあった。

なかにしは、美輪の歌のなかに、この時代のフランス民衆のシャンソンの精神が宿っていると感じていた。その代表的な作品が、美輪が作った「ヨイトマケの唄」であり、「ふるさとの空の下に」であった。彼の作品のなかでも社会派的作品、と評価されるものである。

「ヨイトマケの唄」は美輪の生まれ故郷の九州・長崎からそれほど遠くない筑豊《ちくほう》の炭坑町で、厳しい労働の合間にわざわざ彼の音楽を聴きにきてくれた人々への感謝を込めた応援歌であり、「ふるさとの空の下に」は彼の故郷長崎の原爆投下への強い批判の歌である。なかにしは美輪のこのような心意気をよく理解し、彼のシャンソンに取り組む姿勢に共感していた。

なかにし礼はこのように言っていた。「どこでもシャンソンソン喫茶に集まるお客は、甘いシャンソンを聴きに来る。だから私を含めてシャンソンの訳詞家は、暗い歌でも原詩を無視して、明るい歌にしてしまいがちだ。しかし美輪のいくつかの歌には、民衆の苦悩、抵抗などシャンソンの本来の姿を見ることができる。私は銀巴里に入って地下への階段を下りていくたびに、フランス革命前夜のパリの空気を感じた」と。

第5章　「シャンソンはマニアだけの音楽ではない」

～歌手・芦野宏が拓《ひら》いた道

芦野宏。
写真提供：日本シャンソン館

1950年代の半ばから60年代にかけての、日本におけるシャンソン・ブームの中心にいて、大きな役割を果たした歌手に芦野宏がいる。戦後まもなく東京藝術大学声楽科で学んだ彼だったが、クラシック音楽への道には進まず、シャンソンへの道を選んだ。

あるとき、彼はシャンソンがフランスでは、大人だけが楽しむ歌ではなく、子供たちを含めた家族みんなで歌う歌でもあることを知り、日本のシャンソンもそうあるべきと考え、自分の活動を通してそれを実現することに力を尽くした。子供にも愛される彼のソフトなパーソナリティもそれを後押しした。

しかし彼は歌いやすい歌を日本語で歌うことだけで満足することなく、フランス人が感動するようなシャンソンを歌うことにも意欲を持ち続け、そのためにフランス語を究《きわ》め、フランスの音楽人との交流も深め、パリに出かけてコンサートやテレビ番組への出演も何度か実現させた。このような彼の足跡をいくつかの角度からたどってみることにする。

のどを痛めた音大生の選択～クラシックからシャンソンへ軌道変更

太平洋戦争が終わったとき、芦野宏は21歳になっていた。戦時中は短い間だったが兵役にも服した。戦後はしばらく山形で過ごした。そこでは映画館のアトラクションに応募して、映画の休憩時間にバンドの伴奏で、流行歌の「波浮の港」や、英語の「谷間の灯」などを歌ったこともある。人前で歌うことは小学校の学芸会のときから得意だった。

まもなく東京に戻り、1948（昭和23）年には、東京藝術大学（入学時は東京音楽学校）声楽科に首尾よく入学した。24歳という大人の大学1年生だった。

藝大では日本を代表するバリトン歌手の中山悌一《ていいち》と、テノール歌手である柴田睦陸《しばたむつむ》の指導を受けた。しかし問題が生じた。芦野の声帯が変調をきたし、音声障害を起こしてしまったのである。芦野の声がバリトンなのに、高音のテノールの柴田に教えられたために、声帯が傷ついてしまったらしい。時間が経過して症状は回復に向かったが、完全に戻るまでには数年かかった。

結局、彼はクラシックの声楽家になることを諦める。それはのどを痛めたからというだけの理由ではなかった。山形の映画館で流行歌やポップスを歌っていたことでもわかるように、彼はポピュラー音楽が好きだった。ポピュラー音楽は歌手の心に思う曲想で自由に歌えるので、自分に向いていると思っていた。自分の声はクラシックには合わないとも思っていた。ポピュラー音楽を歌うには大学で学んだ発声法を変えなければならなかったが、それにも自信はあった。

大学卒業後、芦野は短期間にいろいろな場所で、ポピュラー音楽に挑戦した。神奈川県厚木の米軍キャンプで歌ったこともそのひとつ。ラテン音楽やアメリカのポップスを歌ったが、芦野は歌がうまいということで、キャンプのなかでも将校クラブという軍の上官らのためのクラブで歌うことが許された。

そこの伴奏バンドに淡谷とし子というピアニストがいた。彼女はシャンソンやタンゴや流行歌の歌手として誰もが知る淡谷のり子の実妹だった。そして芦野が淡谷のり子に会いたいというと、すぐに機会を作ってくれた。

まもなく芦野は淡谷家を訪れた。1952(昭和27)年の春のことだった。レコード会社を紹介してほしいという、芦野の希望に淡谷のり子は快く応じてくれた。

そしてそのとき、芦野は淡谷のり子から思いがけないことを言われた。「あなたの声はシャンソンに向いている。シャンソンをやりなさい」と。

芦野はこのアドバイスを真剣に受け止めた。それは彼がその頃ばく然と思っていたことでもあった。ここから彼のシャンソン人生が始まった。以後すべての活動をシャンソンに集中させ、シャンソンに打ち込むことになった。

この頃、NHKラジオで「虹のしらべ」という番組が始まっていた。毎週交代で世界のポピュラー・ソングが生放送される番組だった。

毎月1～2回シャンソン特集の週があり、芦野にも出演の声がかかるようになった。彼の出演は1953（昭和28）年2月から始まったが、記念すべき最初のラジオのレギュラー番組への出演となった。しかも全国放送だった。これを機に芦野宏のシャンソン歌手としての本格的な活動が始まった。

「パパと踊ろうよ」「幸福を売る男」～子供も喜ぶ曲を歌う

「虹のしらべ」の評判は良好だった。この時期に関東・関西で相次いで開局したいわゆる民放にも、シャンソンの番組が誕生したが、新人歌手として人気が上昇し始めた芦野宏に声がかかることも多くなった。またシャンソンのコンサートも多くなり、そこでも芦野への出演依頼が増えていった。

このようにお客の前で歌うチャンスが多くなった彼にとっての問題は、レパートリー、つまり持ち歌を増やすことだった。いつも同じような歌ばかりでは、プロのシンガーとして通用しないことはわかっていた。

この時期に彼は業界の多くの人から協力を得ることができた。そのひとりが戦前から日本のポピュラー音楽界を牽引していた、音楽プロデューサー兼音楽評論家の高橋忠雄だった。高橋は放送番組の企画・制作や、海外アーティストの招聘、コンサートやイベントのプロデュースや司会などに幅広く携わっていた。

この高橋に芦野は歌の個人レッスンをしてもらえるようになった。芦野が知らなかった世界のポピュラー・ソングを数多く教えてもらい、高橋は芦野に、海外で手に入れた新曲の譜面を惜しげもなく与えて指導してくれた。

そのなかには「カミニート」「ジーラ・ジーラ」「グラナダ」「マリア・ラ・オ」などタンゴやラテン音楽があり、この分野での芦野のレパートリーが増えていったが、それはその後の芦野の芸の幅を広げることにつながった。

シャンソンのレパートリーも増えていった。それをサポートしてくれたのは、詩人で訳詞家の薩摩忠だった。薩摩は芦野が出会ったときは、まだ慶應義塾大学のフランス文学科を出たばかりの青年だったが、後に室生犀星《むろうさいせい》詩人賞をはじめ、数々の賞に輝く詩人となる。芦野と薩摩は互いになくてはならないパートナーとなっていった。

芦野は1953（昭和28）年に来日したダミアのステージを聴いて、その深くて迫力のある歌に感動した。しかしその2年後に来日したイヴェット・ジローのステージには、ダミアのときとは異なる感動を覚えた。

先述のように、ジローの歌はダミアのように暗くて深刻なシャンソンではなかった。明るくて心が弾むような歌ばかりだった。そこで芦野は意を強くした。自分もこういう楽しいシャンソンを歌おう。それが自分の声質やキャラクターにもふさわしい。

そして芦野は薩摩に、自分の歌うシャンソンの訳詞を頼むようになる。童謡の「まっかな秋」の作詞者であり、子供向けの詩を書いたり、翻訳をしたりすることが得意な薩摩は、芦野が歌いたいと思うシャンソンの訳詞者として、これ以上ない適任者だった。

その後、芦野のレパートリーは薩摩の訳詞の曲が圧倒的に多くなる。「風船売り」「メケ・メケ」「カナダ旅行」「花祭り」など、皆、明るい歌ばかりである。特にヒットした曲で、芦野宏が大事なステージでいつも歌った曲として、つぎの3曲がある。

★ラ・メール

名歌手シャルル・トレネが、幼い頃の夏の海の思い出を題材にして作った、ロマンティックなシャンソン。戦後になって世界的にヒットした。芦野がＮＨＫの番組で初めて歌ったシャンソンであり、１９５４（昭和29）年に大舞台・日劇の「夏のおどり」でも歌った。さらに日本人ポピュラー歌手初のＬＰレコードの録音のときもレパートリーに加えた。１９５６（昭和31）年、芦野にとって初めてのフランスのパリ・オランピア劇場でのコンサートでも、その後のパリでの数回のコンサートでも、いつもこの歌を歌った。

★パパと踊ろうよ

歌の途中で女の子の笑い声が入り、つられて父親役の男性の歌手も笑いだすという、家庭的な雰囲気のこの歌のレコードは、シャンソン・ファンの家庭でなくても日本中で楽しく聴かれ、童謡のように親しまれた。フランス盤では甘く、気品に満ちた声で人気のあったアンドレ・クラボーが歌ったが、日本では芦野宏の歌でヒットした。１９６３（昭和38）年から１９６４（昭和39）年にかけては、ＮＨＫテレビの「みんなのうた」として２ヶ月間放送されたが、そこでも芦野が歌った。日本語訳はもちろん薩摩が担当した。

★幸福を売る男

1960（昭和35）年の年末の紅白歌合戦に出場した芦野宏が歌ったのがこの曲だった。この時期はすでに芦野は自分のシャンソンの方向を決めて、それに向かって進んでいた。ここでも訳詞は薩摩だった。ある男が街から街へと幸せの歌（＝シャンソン）を売り歩くという、軽快で楽しい歌である。芦野はこの歌を自分のテーマソングのようにその後も歌い続けた。1998（平成10）年に、自分の歩んできた道を振り返って、自伝風の読み物を出版したが、そのタイトルも『幸福を売る男』である。

「幸福を売る男」　訳：薩摩忠

かるい恋の風にのって私はゆく　青い空を
いかがですか　甘いシャンソン
いかがですか　夢と幸は
私どもの商売は　倖《しあわ》せ売る商売

夏も秋もいつの日も　歩きまわる仕事
あなたがたが夢や愛や　笑うことを忘れたとき
この私を呼びとめれば　悩みなどは消えて笑顔
ラララララ　ラララララ
ラララララ　ララララララ（後略）

芦野宏は、イヴェット・ジローをはじめとする、フランスの多くの歌手からシャンソンは楽しい音楽であるということを学び、それをお客に伝える気持ちで歌うことを常に忘れることなく、シャンソン歌手としての道を進んでいった。

テレビのモーニング・ショーの司会でシャンソンを茶の間に運ぶ

シャンソンの明るさと楽しさを日本中に広めたい、という芦野宏の念願をさらに一歩前進させるチャンスが訪れた。１９６２（昭和37）年にＮＨＫテレビで「くらしの窓」というウィークデー５日間の毎朝９時からの30分番組が始まることになり、芦野に司会者の声がかかったのである。彼は喜んで引き受けた。

毎朝、夫を仕事に送りだした家庭の主婦と子供が視聴する時間帯で、芦野は司会者として番組進行、ゲストへのインタビューなどを受け持つことになった。

料理のコーナーは料理学校の院長の江上トミ、洋装のコーナーは森英恵《はなえ》と田中千代、テーブルマナーとフランス料理のコーナーは飯田深雪《みゆき》という、スペシャリストたちが担当して個性を発揮した。

芦野は司会を務めながら、毎回番組開始のテーマソングを歌い、その他にシャンソンを2～3曲歌うことになった。願ってもない条件だった。

テーマソング（作曲：松井八郎、作詞：松岡励子）はこの番組のために作られた「みんなの朝です　ボンジュール　ボンジュール」と歌うシャンソンで、これを毎回歌う芦野はいつのまにか視聴者から〝ボンジュールおじさん〟という愛称で呼ばれるようになり、子供や母親からファンレターもくるようになった。芦野の人気は上昇し、このテーマソングも全国の家庭に広がっていった。

番組のなかで芦野が毎回歌うシャンソンは、芦野が希望する曲を選ぶという条件も認められた。しかし子供にも楽しめるシャンソンは、それまで日本にはあまり多くは紹介されていなかったので、毎回2～3曲も用意するのは大変だった。「パパと踊ろうよ」「サラダのうた」「カナダ旅行」「ナポリの山賊」「かえるのうた」などは繰り返し歌われることにもなった。

芦野が曲を探してみてわかったことは、シャンソンにはコミカルな歌、人をからかった歌、皮肉っぽい歌なども、たくさんあるということだった。あまりヒットはしなかったが「可愛いアイルランド娘」「蝶々《ちょうちょう》とり」「ルルウ踊り場のピアノ弾き」「三文ピアノ」などの曲が見つかった。シャンソンがフランスの人々の生活に密着した歌であることを、芦野は改めて強く感じた。


この「くらしの窓」は約4年間続いたが、新曲が欲しいという状態はずっと続いていた。番組が始まってしばらくした時期に、芦野はなかにし礼というシャンソンの訳詞が上手な大学生がいることを知り、彼に協力を打診してみた。返事はOKだった。そこから芦野となかにしの付き合いが始まった。

芦野もなかにしもジルベール・ベコーが好きだったので、まずはベコーの曲の訳詞から始まった。なかにしの訳詞を芦野も気に入り、若くて仕事も早いなかにしのお陰で新曲もどんどん増えていった。なかにしは銀座の「銀巴里」からの帰りがけに、できあがった訳詞を持って、市ヶ谷の芦野の自宅に立ち寄ることも多かった。芦野が歌ってみて歌いにくいところは、翌日には修正されて戻ってきた。

なかにし訳のベコーの「白い舟」「いない人」「もしもお金があったら」「ぼくの仲間たち」などの曲が、次々と「くらしの窓」のなかで歌われた。芦野はなかにしの才能が卓越したものであることをこの時期から知り、彼の将来の大成を予感したという。

いっぽうなかにしは、この時期の芦野との仕事について、後年つぎのように述べている。「私が詞や訳詞を書いたヒット曲は、ほとんどすべてが男女の愛がテーマだが、色恋のないいくつかの例外もある。それはすべて芦野宏のために書いた訳詞である」と。〝ボンジュールおじさん〟と呼ばれた、芦野の面目躍如といったところである。

「くらしの窓」が始まって2年後の1964（昭和39）年には、NHKから引き抜かれたアナウンサー木島則夫の司会による、「木島則夫モーニングショー」が、NET（現テレビ朝日）で始まった。さらにその1年後には同じくNHK出身の小川宏による「小川宏ショー」がフジテレビでスタートした。

これがきっかけとなって、朝のテレビ番組はワイド・ニュース・ショーの時代となった。「くらしの窓」はニュースのコーナーこそなかったものの、これらの朝のワイド・ショーの原点だった。芦野宏は「いわば元祖だったと私は自負している」と前出の著書のなかで述べている。

歌手のマナーと度胸を学ぶ～大使館のディナー・パーティへの出演

まだ芦野がシャンソン歌手としての道を歩きだしてまもない頃のことである。芦野はかねがね応援してくれていた画家の猪熊《いのくま》弦一郎夫妻から、フランス大使館でシャンソンを歌ってくれないかと頼まれた。夫妻に同行した芦野は、パーティのディナーの後に、日本の有望新人シャンソン歌手だと紹介され、大使やフランス人のゲストたちの前で、ピアノの弾き語りでフランス語のシャンソンを3曲歌った。終わると大きな拍手が起こった。

これがきっかけで、その後芦野はフランス大使館のディナー・パーティで、シャンソンを歌う機会が増えた。

彼のレパートリーもまだ限られていた時代だったので、歌ったのはいつもシャルル・トレネの「詩人の魂」「ラ・メール」、ティノ・ロッシの「星を夢見て」「小雨降る径」などだったが、大使館のパーティに来るような年配のフランス人は、このような古い曲を喜んで聴いてくれた。

このパーティでの経験は芦野にとって大きな自信となった。人前で歌う経験が積めたことはもちろんだが、フランス人に自分のフランス語が通じたことも嬉しかったし、彼らに自分のシャンソンが受け入れられた喜びも大きかった。

徐々に芦野にはコンサートやラジオやレコードなどの仕事が増えていき、大使館のパーティでの歌唱からは少しずつ遠ざかることになったが、世間ではその間にもこのような食事と音楽が組み合わせで提供される席が増えていき、それがホテルでのディナーショーのスタートにつながったといわれる。

日本のディナーショーは1966（昭和41）年3月に、東京・帝国ホテルの「シアターレストラン・インペリアル」で行われたのが最初とされる。ディナーショーは文字通り食事とショーを提供するもので、先に食事を済ませてからショーが始まるものと、それを同時に進めるものとがある。

ショーの中身はさまざまで、時代の経過とともにその内容も多様化した。音楽だけではなく、舞踊、演劇、演芸などの娯楽も楽しめるようになった。そのなかでも圧倒的に多いのが、有名歌手がたっぷり歌を聴かせるワンマン・リサイタルである。

そのようなディナーショーに出演する歌手はヒット曲が多く、客を楽しませる話術にもたけていることが望まれ、ベテラン歌手に声がかかることが多かった。そのうえ食事代も含まれるため通常のコンサートと比較して料金が高額になることが多く、客の年齢層も比較的高くなった。

やがてクリスマスや新年のディナーショーが、ホテルや大きなレストランなどで恒例化するようになる。団体旅行や、外国人客の観光ツアーのアトラクションに組み込まれるようにもなった。コンサートと違って、ディナーショーは実施記録がほとんど残されていないので実態はつかみにくいが、シャンソン歌手は、他のジャンルの歌手に比べてディナーショーへの出演機会が多かったようだ。それはシャンソンが大人の世代が好む音楽であり、特に生活にゆとりのある大人が集まるディナーショーには、シャンソンが喜ばれたからである。シャンソンはディナーショーを発展させ、ディナーショーはシャンソンを発展させたといえるだろう。

1967（昭和42）年に芦野は、石井好子が社長を務める石井音楽事務所に移籍するが、そのあたりから芦野のディナーショーへの出演も増えていった。

シャンソン歌手に出演依頼の声がかかるもうひとつのショーがあった。それはファッションショーである。ファッションもシャンソンもフランスが本場。そのためファッションショーにシャンソン歌手が呼ばれて、2〜3曲歌うということが行われるようになったのだ。身にまとうもののファッションをアピールするショーだが、視覚だけでなくシャンソンという音楽で聴覚も刺激して、ショーの効果をあげようとする狙いであった。

芦野も越路吹雪と組んで、東京・渋谷の東横ホールでの春のファッションショーに出場するなど、声がかかることが多かった。1950〜1980年代にかけての頃である。日本経済が高度成長を遂げ、好景気の日本が世界のターゲットとされた時代。新しいファッションがどんどん日本に入ってきて、ファッションショーが全国各地で行われていた。

レコード会社から引く手あまた〜日本人ポピュラー歌手初のLPを録音

芦野宏はシャンソン歌手のなかでもレコード録音に熱心だった。彼の初めてのレコードは、3つのレコード会社からほぼ同時に1枚ずつのレコード（それぞれ2曲入り）が発売されるという、珍しいかたちとなった。芦野の人気が急に高まり、3社からレコーディングのオファーがきたのだが、それを1社に絞ることができなかったためである。

それは1954（昭和29）年から1955（昭和30）年にかけてのことだったが、日劇「夏のおどり」に出演して芦野が歌っていた「ラ・メール」が人気を呼んで、各社からレコード化の希望が殺到した。当時芦野には菊池維城というマネジャーがおり、彼に調整を任せたが、うまく行かなかった。

結局各社の顔を立て、マーキュリー・レコードからは「小雨降る径」と「ドミノ」が、ビクターからは「パリの空の下」と「マドロスの唄」が、コロムビアからは「プンプンポルカ」と「ばらのエレジー」が、それぞれ1枚ずつのレコードとして発売された。

3社が希望した肝心の「ラ・メール」は除外されてしまった。そのため決定打不足となり、残念ながらどのレコードもあまりヒットしなかった。

しかしこの6曲のうち、芦野の実力を買っていた作曲家・高木東六が芦野のために作ったコロムビア盤の「プンプンポルカ」は、その後NHK「みんなのうた」でも歌われ、漫才や落語のネタにもなるなど、息長く歌われることになった。

芦野にとって最初のレコードとなった3枚だったが、昭和30年代に入ると、レコードの技術開発が世界的に進み、塩化ビニールを主な素材とするシングル盤と呼ばれる45回転で直径17㎝のEPレコードと、長時間盤と呼ばれる33回&3分の1回転で直径30㎝のLPレコードの時代となる。

芦野の初期のLPには1957（昭和32）年に制作した「芦野宏シャンソン・リサイタル」というアルバムがある。レコード会社は日本ウエストミンスター。曲目は「メケ・メケ」「風船売り」「ラ・メール」「巴里祭」など。これは日本人のポピュラー歌手が歌う初めてのLPであり、その意味で日本のレコード史、シャンソン史に残るレコードとなった。

1960（昭和35）年になると、日本の大手電機会社の東芝がレコード会社、東芝音楽工業を設立するが、その数年前から東芝は本社に音楽事業部を置いてレコード事業を開始していた。芦野は1959（昭和34）年にその東芝と契約してLPの制作を始めた。そして7月にはアルバム「唄はゴンドラとともに」を発売した。タイトルからもわかるようにカンツォーネ特集だった。曲目は「コメ・プリマ」「ルナ・ロッサ」「ヴォラーレ」などだが、この芦野のカンツォーネのLPはあまり売れなかった。カンツォーネにも自信を持っていた芦野にとっては不本意なことだった。

芦野からの汚名返上の強い希望もあって、そのわずか3ヶ月後の10月には、東芝は第2弾のLPとしてソロアルバム「シャンソン・ヒット集」を録音・発売した。「パリの休日」や「パリ野郎」など凝った編曲の多いシャンソン・アルバムで大好評となった。このことから芦野はやはりシャンソン歌手だ、という認識も改めてされるようになった。

このようにして芦野のレコード歌手としての道も軌道に乗っていった。芦野は東芝音楽工業（正式社名は1973年に東芝音楽工業から東芝ＥＭＩに変更）に約20年間在籍し、シャンソンを歌い続けた。東芝での録音曲数は通算すると数百曲に及ぶ。


芦野のマネジャーだった菊池は、シャンソンにも詳しい人だった。そのため東芝がレコード事業をスタートしたときには招かれて入社し、シャンソンをはじめとするポピュラー音楽の制作の要職に就いた。そして芦野が東芝の専属になるときも、同社でレコードを制作するときも、芦野のために働いた。菊池は芦野のシャンソン歌手としての活動において、常に重要なサポート役を果たしてきた人物である。

芦野は多くのレコード会社のなかから東芝を選んで、長く専属契約を結ぶことになったが、それはいろいろな意味で正解だった。何よりも東芝はシャンソンのレコード制作に積極的で、芦野は越路吹雪との二枚看板で優遇された。

そのうえ東芝はフランスのパテ・マルコーニ社や、アルゼンチンのオデオン社など、海外のＥＭＩ系のレコード会社と契約や資本の連携があり、それが芦野が望んでいたパリやブエノスアイレスのスタジオでの、レコーディングの実現につながったことも大きかった。またそれらのレコード会社の人脈を通じて、芦野はフランスのシャンソン界の要人との交流も得ることができて、海外でのコンサートへの出演や、一流歌手との共演が実現する結果にもなった。

日本シャンソン館を設立～シャンソンのさらなる発展の起点として

1995（平成7）年7月、芦野宏は群馬県渋川市に「日本シャンソン館」を開設した。その建設に際して芦野が発表した趣意書には、つぎのように記されている。

「日本シャンソン館設立趣意」

フランス生まれのシャンソンは、戦前戦後を通じて日本人の心にしっかり根づき、すでに日本の音楽のひとつになっているといっても過言ではありません。シャンソンが日仏親善に果たした役割も多く、21世紀に向けてさらにその礎を深め、わが国でのシャンソンの普及と研修、そして憩いの場となる「文化の発信基地」の必要性を痛感し、日本の真ん中に位置する群馬県渋川市に「日本シャンソン館」（館長・芦野宏）を建設する運びとなりました。

このような趣意のもとに「日本シャンソン館」の建設は進められた。それは日本のシャンソンのさらなる振興を願う芦野の夢の実現へ向かう事業であったが、その頃、日本各地で進められていた町おこし運動の呼びかけに賛同する企画でもあった。そのため地元の渋川市、渋川青年会議所、NHK前橋支局などからの支援も得られた。

「日本シャンソン館」の本館の建物は、芦野の義父の羽鳥久雄から提供された広い用地に建てられた、瀟洒《しょうしゃ》な白い2階建ての西洋館である。

1、2階の展示室には、有名アーティストたちや有志から寄贈された貴重な品々が展示されている。そのなかにはイヴ・モンタンやエディット・ピアフなどが身に着けていた舞台衣装、モーリス・シュヴァリエらの自筆の手紙、数え切れないほどのレコードやDVDや楽譜、そして多くのポスターやパンフレットなどが含まれている。

1階の奥には多目的ホールがあり、いろいろなテーマの企画展、各種のイベントを開催することができる。

2階のシャンソニエ（シャンソン喫茶）の「ヴェルメイユ」では、シャンソンのライブやミニコンサートが催され、シャンソン教室も開かれる。

いっぽう敷地内の庭園は中世ヨーロッパの雰囲気。自然がいっぱいで、バラをはじめ四季折々の花が楽しめる。カフェもありコーヒーなどの飲み物が味わえる。そして気候のよい時期には中庭の広場ではコンサートも開かれる。「日本シャンソン館」はこのように、シャンソン・ファンなら一度は訪れたいと思う、オアシスのような場所である。

「日本シャンソン館」の正式な開館日は、1995（平成7）年7月14日の「巴里祭」の日だったが、1週間前の7月7日にはプレオープンのセレモニーが開催された。そこでは開設にかかわった多くの人が集まって祝いの席が持たれ、深緑夏代、石井好子らが中庭の広場でシャンソンを披露した。芦野も「パリの空の下」を歌った。

そして翌週の7月14日の開館日からは、一般のシャンソン・ファンが全国からつめかけるようになった。

芦野宏は「日本シャンソン館」を日本のシャンソン界の発展のための拠点として、多目的に使いたいと考えていたが、特に力を入れたいと思ったことのひとつは、次代を担う若いシャンソン歌手の育成だった。

そのために芦野は忙しい活動の合間に、群馬県という都心からも遠隔な場所にある「日本シャンソン館」に通い、新人教育にもできるだけの時間を割いた。講師を呼んで教室も開いた。たくさんの楽譜も集めた。

芦野はこの「日本シャンソン館」開館の2年前の1993（平成5）年に、歌手デビュー40周年を迎え、記念のリサイタルを東京・有楽町朝日ホールをはじめ、神戸、静岡などで開いた。そしてそのときのライブ録音の音源をCD化して、記念のアルバムを発売できないかと考えていた。

そこで芦野はその相談を東芝EMIに持ち掛けた。それは当時の制作本部長・石坂敬一の計らいですぐに実現することになった。しかも東芝から提示されたのは、「芦野宏のすべて」という、5枚組CDアルバムとして発売してはどうかという案だった。

それはアルゼンチンで録音した「カミニート」「ラ・メール」をはじめとする、芦野のヒット曲113曲を4枚半のCDに収録し、5枚目の後半に40周年記念リサイタルのライブで歌った17曲を収録するというものだった。文字通り芦野の歌手生活の集大成といえる企画である。

このアルバムは、その1年後の1994（平成6）年、「日本シャンソン館」設立の発表を記念して発売されることになった。芦野にとっては願ってもないことであった。芦野が石坂に深く感謝したことはいうまでもない。石坂はザ・ビートルズの担当ディレクターとして名を馳《は》せ、その後、東芝ＥＭＩ常務、ユニバーサル・ミュージック社長として活躍した。

第6章　「私は私のシャンソンを歌う」

～越路吹雪が才能ある親友と歩いた道

（左）越路吹雪。1956年。
写真：Wikimedia Commons
（右）岩谷時子。撮影日不明。
写真：毎日新聞社／アフロ

日本でシャンソンの女王と呼ぶにふさわしい歌手といえば、誰もが越路吹雪を頭に浮かべることだろう。彼女には声の質や歌い方に独特の色気があり、成熟した女性らしい容姿とふるまいがあった。ファンは彼女の大人の歌と演技に引き寄せられ、ファンであることを誇りに思っていた。皆が彼女を「コーちゃん」の愛称で呼んだ。

戦後まもなく宝塚歌劇団のトップスターの座に登りつめ、劇団にはなくてはならない存在になったが、芸域を広げることを強く望んで宝塚を退団し、東宝の歌手・女優として歌・芝居・映画・ダンスなど幅広い分野で活躍した。彼女は宝塚出身者としては最も成功したエンターテイナーといわれる。

その越路吹雪にはなくてはならない〝相棒〟がいた。彼女が歌うシャンソンの訳詞家であり、マネジャーであり、そして親友でもあった岩谷時子である。ふたりは異なる才能を持っていたが、シャンソンを共有したことでお互いの才能を伸ばし、最高の人気と評価を分かち合うことになった。

なぜふたりはそのような関係を築くことができたのか。ふたりが歩いてきた道を振り返ってみよう。

越路吹雪と岩谷時子の宝塚の出会い

越路吹雪が宝塚少女歌劇団で初舞台を踏んだのは、1939（昭和14）年だった。太平洋戦争が開戦される2年前のことで、歌劇団の月組の「宝塚花物語」という公演だったが、このときは端役で多くのタンポポの精のうちのひとりという役だった。

しかし終戦の翌年の1946（昭和21）年に、戦時中は途絶えていた宝塚歌劇が再開されると、その年の花組公演の「ミモザの花」で、越路は主演に抜擢される。公演は大好評だった。越路が歌った主題歌の「ミモザの花」も人気になった。ここで越路吹雪は早くも歌劇団花組のトップスターになる。

2年後の1948（昭和23）年、世間では笠置《かさぎ》シヅ子が歌う「東京ブギウギ」（作曲：服部良一）が大ヒットとなり、ブギウギというリズムが流行した。そこで宝塚歌劇団でもブギウギを取り入れようということになり、演出家の内海《うつみ》重典が「ブギウギ巴里」というレビューを書いた。越路の主演で上演されたこのレビューは大当たりとなり、宝塚としては戦前の人気レビューを上回るほどのヒット演目となった。宝塚大劇場に戦争で遠のいていた客足が戻るきっかけとなり、楽屋口には越路のサインを求めるファンがつめかけた。

主題歌の「ブギウギ巴里」も越路が歌って大ヒットし、日本コロムビアからレコードが発売された。これは越路の初めてのレコードだった。このような当たり役を得て、越路吹雪は歌劇団の看板スターとなった。


いっぽうの岩谷時子は、学生時代から宝塚少女歌劇団の熱心なファンだったが、文章を書くのが好きで、劇団が発行していたファンのための雑誌にしばしば投稿するほどだった。

神戸女学院の大学部英文科を卒業すると、その4年半後には念願の宝塚少女歌劇団に就職する。そして文芸出版部に配属され、学生時代愛読し投稿もしていた『宝塚グラフ』誌の編集者となる。1939（昭和14）年のことである。

まもなく岩谷時子はほぼ同じ時期に入団していた越路吹雪を知るようになる。そして親しい友人としての付き合いが始まった。それは越路がファンの要望に応えて色紙などに描く、自分のサインの描き方を岩谷に相談したことがきっかけだった。両親のもとを離れて寮生活をしていた越路は、岩谷の家をしばしば訪れるようになり、岩谷の母親の作る食事をともにし、さらには泊まり込むほどの仲になった。

このように宝塚で過ごしていた時代のふたりは、親しい友人同士ではあったものの、仕事の上の直接のつながりはほとんどなかった。

やがて越路吹雪は大きな悩みを持つようになる。宝塚歌劇団という女性だけの集団のなかで、いかにトップスターとはいえ、男に扮して芝居や歌を歌うことに限界を感じるようになっていた。特にシャンソンの恋の歌を歌う場合などは、女でありながら男の気持ちになることの難しさに悩むようになった。そのため彼女は女優として女性を演じたい、女性歌手として女性の気持ちを歌いたい、という思いを持つようになり、宝塚歌劇団を退団したいと思うようになった。それを周囲の人々にも投げかけてもいた。

そしてついにその願いが叶《かな》えられるときが訪れた。彼女は宝塚を離れて東宝に移籍することが許されたのだ。宝塚歌劇団と東宝が同じ小林一三の企業であることが幸いした。越路には東宝に移って映画女優やミュージカル女優としての道が開けることになった。越路吹雪はもう男役を演じなくてもよくなった。

このときに岩谷時子は、マネジャーとして越路吹雪に同行することを、周囲や越路から要請された。岩谷は当初は拒否した。母親をひとり関西に残し、遠くて未知の東京に赴くことに躊躇《ちゆうちよ》があったのだ。しかし母親が同行することを承知したので、岩谷は越路とともに東京に移ることを決意した。その後両者のあいだには仕事が絡む、それまでよりはるかに深い関係が生まれることになった。

「愛の讃歌」で得たシャンソン歌手としての自信

東宝への移籍の少し前から越路吹雪は、宝塚に在籍したまま東京に出かけて東宝の映画に出演したり、帝劇のオペラ「モルガンお雪」に出演したりしていたが、１９５１（昭和26）年7月の、月組公演「春のおどり」への出演を最後に宝塚歌劇団を退団した。

そしてその年に、越路吹雪は岩谷時子とともに上京した。越路は27歳、岩谷は35歳だった。越路すでに東京を経験していた越路と違って、岩谷にとってはほとんど初めての世界だった。越路吹雪はかねてからの念願の通り、東宝専属の女優スターとして、ミュージカルの主演女優とシャンソン歌手の活動を開始した。東宝との契約はその後フリーになるまでの17年間続いた。いっぽう岩谷は東宝の社員として越路のマネジャーという仕事にまい進することになった。

しかし岩谷には、マネジャーの仕事だけではなく、もうひとつの仕事が待ち受けていた。それは越路の歌うシャンソンの訳詞という仕事であり、それはあるきっかけから始まった。

ふたりが上京した翌年の1952(昭和27)年のこと。東宝は日劇で「巴里の唄」というショーを上演することになった。シャンソンをふんだんに取り入れた歌謡ショーである。ベテランの高英男、淡谷のり子、二葉あき子、そして宝塚歌劇団出身の橘薫などの、一流シャンソン歌手たちが出演予定だった。

しかし初日を間近にして、二葉あき子が急病で出演不能となった。そこでピンチヒッターとして名前があがったのが入社したばかりの越路吹雪だった。マネジャーとして岩谷もこのチャンスを逃すまいと「ぜひ越路を参加させて」とスタッフの皆に頭を下げた。そして越路の出演が決まった。

ゲスト・ピアニストで参加していたパリ帰りの作曲家・黛《まゆずみ》敏郎の提案で、越路はエディット・ピアフの名曲「愛の讃歌」を歌うことになった。この名曲もまだ日本ではそれほど知られていなかった。

問題は歌詞だった。市販のシャンソンの楽譜を探す時間はなかった。そこで黛がピアノでメロディを弾きながら、岩谷に原詩の内容を口頭で伝え、それを参考にしながら岩谷がその場で、越路に歌わせる日本語の歌詞を書くことになった。

それを越路吹雪は見事に歌った。このときの日劇のシャンソン・ショーは越路吹雪の「愛の讃歌」の熱唱で、連日超満員のうちに終了した。

このようなあわただしい成り行きのなかで生まれた「愛の讃歌」だったが、越路吹雪と岩谷時子にとっては、音楽のうえでの最初の共同作業であると同時に、最も成功した共同作業のひとつになった。その歌詞の冒頭を紹介しよう。

「愛の讃歌」　訳詞：岩谷時子

あなたの燃える手で
あたしを抱きしめて
ただ二人だけで　生きていたいの
ただ命の限り　あたしは愛したい
命の限りに　あなたを愛するの

頬と頬よせ

燃えるくちづけ
交わすよろこび
あなたと二人で
暮らせるものなら
なんにもいらない
なんにもいらない

「私は私のシャンソンを歌う」～パリで気づいた自分の道

1951(昭和26)年、東京に移り、越路吹雪は東宝の女優という新しい仕事のスタート、その翌年の日劇での「巴里の唄」というショーへの出演、そこでの「愛の讃歌」との出会いと成功、という順調な道を歩き始めた。そして1953(昭和28)年、初めてフランスのパリに出かけて行く。

「パリから帰った人から土産話を聞くのはもうたくさん。シャンソン歌手として自分でパリに行っていろいろ見聞したい」

そう言って、越路は出かけていった。留守番役の岩谷を東京に残して。

フランスでの3ヶ月の滞在期間に、彼女は多くのコンサートをはじめ、映画、映画祭、劇場、キャバレー、パーティ、ディナー、有名歌手との交流など、盛りだくさんのスケジュールをこなした。交代で案内役を引き受けてくれたのは、当時パリに滞在、あるいは在住していた文化人たちだった。小林秀雄（文芸評論家）、今日出海《こんひでみ》（作家）、川喜多長政（東和映画社長）、藤浦洸（詩人）、宮田重雄（画家）、田中千代（デザイナー）、石井好子（シャンソン歌手）など、錚々たる面々である。

しかしこの時期に越路がパリに行くことを決めたのは、もうひとつ彼女がどうしても確認したいことがあったからだった。それは他でもない「愛の讃歌」をピアフのオリジナルの歌唱で聴くことだった。

日本で越路が歌った「愛の讃歌」については批判する声があった。それは「この愛の讃歌は、ピアフのオリジナルの歌詞をないがしろにしている」「これではピアフが怒るだろう」という厳しい評価である。

確かにピアフの歌詞の大意は、「たとえ空が落ちても、大地が裂けても、あなたの愛があれば何もいらない、あなたが望むなら、祖国や友人を裏切ってもかまわない」というように、背徳的な言葉もある激しい愛の歌で、決して岩谷の訳詞のような幸せいっぱいの甘い愛の歌ではない。ピアフが妻のある男に捧げた命がけの愛の歌だった。

もちろん越路の歌に対するこのような手厳しい評価は、原詩の内容を知る、ごく一部のシャンソン・ファンやピアフのファンが、ささやいていたに過ぎない。しかし越路はパリの本場で確かめたいと思っていた。

それはついに実現した。そして彼女は大きな衝撃を受けた。2度目にピアフの歌を聴いた5月7日の日記にはつぎのようなことが書かれていた。「ピアフを二度聞く。語ることなし。（中略）私は悲しい。夜、ひとりで泣く。悲しい、淋しい、私には何もない、何もない。私は負けた。泣く、初めてパリで」と。

越路はしょせん本物のシャンソンはフランス人にしか歌えないものということをこのとき悟った。そして「私は私のシャンソン、日本のシャンソンを歌う」と心に決めたという。越路にそれを言わせたのは、日劇での「愛の讃歌」の成功による自信だったのかもしれない。

連続12年～ライフワークとなった日生劇場での「ロングリサイタル」

パリから帰国した越路吹雪はいよいよ腰をすえて、新しい環境での仕事にとりかかった。まずパリ旅行から帰ったその年、1953（昭和28）年には、第1回リサイタルを東京・銀座のヤマハホールで開催した。その後は年に数回のペースで、ヤマハホールや日比谷公会堂などでリサイタルを開いた。1956（昭和31）年からは、東宝のミュージカルへの出演が始まり、さらに東宝映画のコメディ路線の映画への出演も始まった。

レコードの制作にも力を入れた。1959（昭和34）年には、レコード事業を始めたばかりの東芝と契約した。東芝は芦野宏と越路吹雪を目玉にして、ポピュラー音楽として当時ブームだったシャンソンで勝負をかけた。

さらに1964（昭和39）年からは越路は、フジテレビ系の音楽番組「ミュージックフェア」の初代司会者となる。テレビ嫌いといわれた越路が取り組んだ数少ないテレビでの、しかもレギュラーの仕事だった。

彼女のライフワークともいわれる、日生劇場でのロングリサイタルが始まるのは、1969（昭和44）年からである。そのいきさつを振り返ってみる。

1963（昭和38）年、東京・日比谷の映画街の隣接地に、日本生命が壮大な本社ビルを建設した。そのなかには日生劇場と呼ばれる立派な劇場が作られた。最新の電気機材を装備した広いステージがあり、豪華な内装が施された客席とロビーが作られていた。

この日生劇場で越路吹雪が初めて歌ったのは1965（昭和40）年秋のことだった。それは1953（昭和28）年から続けてきたリサイタルの、記念すべき第10回だったが、シャンソンの女王が日生劇場という新装の豪華なホールで歌うという、音楽ファンの誰もが待ちに待ったコンサートだった。チケットは2日間とも完売。着飾ったシャンソン・ファンがつめかけたという。

3部構成のこのリサイタルのステージで越路は、これまでの歌手生活で歌い込んだシャンソンを、合計35曲歌った。プログラムの最後は「ラストダンスは私に」、そしてアンコールは「愛の讃歌」と「サン・トワ・マミー」だった。

この年から越路吹雪のリサイタルは日生劇場に定着することになった。そして翌1966（昭和41）年からは、売りだし中の若手演出家で、「劇団四季」を主宰する浅利慶太が、総合プロデューサーとしてこのリサイタルを演出するようになる。越路の人気もますます高まって、1969（昭和44）年からは「越路吹雪ロングリサイタル」として、毎年のべ1ヶ月に及ぶ開催となった。

浅利慶太がプロデュースを担当するようになり、日本ゼネラルアーツ（浅利の舞台制作会社）が参入するようになった越路吹雪のロングリサイタルは、それまでのリサイタルのように、越路が歌うだけのステージではなく、ドラマチック・リサイタルとも呼ばれる趣向となった。

そこでは「劇団四季」の俳優たちも加わり、演劇の要素が入るパフォーマンスが見られるようになった。そのなかでもヒット作となったのは、1971（昭和46）年に初演された「愛の讃歌～エディット・ピアフの生涯」だった。ピアフを演じる越路が歌う20曲の名曲を軸に、ピアフの生涯を劇的によみがえらせる作品であった。

このロングリサイタルは、越路が56歳で亡くなる年の1980（昭和55）年まで毎年欠かさず続けられた（ただし、1980年は「スペシャルリサイタル」という名称に変更された）。

この通算12年に及ぶ日生劇場でのロングリサイタルを実践しながら、越路吹雪の歌唱と演技は年を追うごとに深められていった。それに最も影響を与えたのは浅利慶太だったといわれる。ふたりは芸術家として心が深く通じ合い、越路は浅利と仕事をするときが人生で最高の時間だと周囲にもしばしば話していたという。

ともに走り続けて40年～才気あふれる女性ふたりの二人三脚

1963（昭和38）年の正月、岩谷時子は大きな決断をした。かねてから思案していた東宝を退社すること、そして歌謡曲の作詞家として独立することに踏み切ったのだ。「愛の讃歌」

をはじめとする越路吹雪のために訳した、数多くのシャンソンの訳詞に対する評価から得た自信も大きかった。またシャンソンの訳詞だけではなく、流行歌の分野でもすでに数人の歌手のために、オリジナルの日本語の曲の作詞も手がけ、それらも高く評価されていた。

なかでも渡辺プロダクションの依頼で、ザ・ピーナッツのために書いた「ふりむかないで」や「恋のバカンス」は大ヒットした。その直後から他の歌手やその所属事務所からの作詞の依頼が目に見えて増えていた。

これからは越路以外の歌手の作詞家としての仕事に、ますます多くの時間が取られるようになるだろう。越路にかかわる仕事、つまり越路のための作詞・訳詞とマネジャーの仕事を今まで通りこなしていくことができるだろうか。それが問題だった。しかし岩谷は決意した。走りながら考えようと。この年の春、岩谷の退職願は東宝に受理された。

独立後の作詞家・岩谷時子はますます多忙を極めた。「ふりむかないで」「恋のバカンス」の連続ヒットの後、1964(昭和39)年には、同じザ・ピーナッツとの仕事で「ウナ・セラ・ディ東京」がヒットした。この歌は和田弘とマヒナスターズ、坂本スミ子、西田佐知子の盤も発売され競作となった。

1961（昭和36）年にスタートしていた、加山雄三の東宝映画〈若大将シリーズ〉の主題歌・挿入歌も、岩谷が作詞を担当して好調に推移していた。特に1965（昭和40）年の第5作「海の若大将」の主題歌「恋は赤いバラ」が大ヒットとなり、さらに第6作「エレキの若大将」の主題歌「君といつまでも」はそれを大きく上回る記録的なヒットとなった。

「君といつまでも」は主演の加山雄三が弾厚作《だんこうさく》という名前で作曲した作品だが、岩谷にとっても、加山にとっても生涯の代表作となった。

この「君といつまでも」には流行語にもなった有名なセリフが挿入されており、それがこの曲のヒットに輪をかけた。「しあわせだなあ　僕は君といる時が一番しあわせなんだ（後略）」というもので、このセリフは当時、大人も子供も口にするような大流行となった。

岩谷は日本レコード大賞の作詩賞を1960年代に二度受賞して、作詞家としての最高の栄誉に浴している。

1回目は1964（昭和39）年に、「ウナ・セラ・ディ東京」（歌：ザ・ピーナッツ、作曲：宮川泰）と、「夜明けのうた」（歌：岸洋子、作曲：いずみたく）で受賞し、そして2回目は1966（昭和41）年に「君といつまでも」（前出）と、「逢いたくて逢いたくて」（歌：園まり、作曲：宮川泰）で受賞した。

岩谷がこのようなめざましい活躍をしていた、１９６０年代の中盤から70年代にかけては、越路吹雪も、日生劇場でのリサイタルをはじめ、各種リサイタル、「王様と私」や「南太平洋」などの東宝ミュージカル、日劇歌謡ショー、種々の劇団へのゲスト出演など、彼女の芸能生活で最も充実し多忙な時期だった。

これらのステージでは越路は数え切れないほどの、シャンソンやミュージカルの主題歌を歌ったが、そのほとんどの歌詞や訳詞を準備したのは岩谷時子だった。出演交渉やあらゆる調整業務もマネジャーとしての岩谷の仕事だった。岩谷のこのような献身的なサポートがあって、越路吹雪は１９８０（昭和55）年の11月に逝去する直前まで、充実したステージ活動を続けた。

岩谷がこのように越路に尽くしたのは、いつまでも越路が日本のシャンソンの女王でいてほしいという願いからだったという。「私は私のシャンソンを歌う」と言って、越路吹雪が歌い続けていたシャンソンは、岩谷時子にとっては「私たちふたりのシャンソン」だったのだろう。才能豊かなふたりの女性は二人三脚で約40年間休むことなく走り続けた。

第7章　歌がなくても世界的なヒット
～日本人が愛したインストルメンタルなシャンソン

ミレイユ・マチュー（左）とポール・モーリア。モスクワにて。1967年。
写真：TASS／アフロ

フランス語でシャンソンという言葉はクラシックまでを含む〝歌〟という意味であること、それに対して日本では、フランスの民衆のあいだに生まれて歌われてきたポピュラー音楽だけをシャンソンと呼ぶようになったことは、すでに触れた通りである。しかしフランスのポピュラー音楽は〝歌〟を伴うものばかりではなく、オーケストラの演奏のみによる曲もたくさん生まれている。

それらの楽曲はフランス語の歌詞を伴わないので、言葉の障壁に邪魔されることがなく、世界中のどこの国でもオリジナルの音源を、そのまま楽しむことができるという利点がある。そこにはダンス音楽、ムード音楽、あるいは映画や放送番組のテーマ音楽やBGMなど、多岐にわたる音楽が生まれた。そこからは世界各国で歌の曲と競って、ヒットチャート・ランキングの上位を獲得する曲が生まれることも少なくなかった。

歌がない曲は歌手が歌う曲のように、歌詞の内容や歌手の人気に頼ることができないので、特定の曲をヒットさせることは歌の曲よりも、おしなべて難しいことは確かである。しかし、インストルメンタルのヒット曲を作ろうと挑戦した音楽家も多く、そのなかには成功しているケースもしばしば見られる。フランスにもそういう音楽家は何人も現れており、彼らは日本でも成果をあげている。

ここではフランスで生まれて日本でも流行して人気を得た、歌のないシャンソンとも呼ぶべき、いくつかのポピュラー楽曲とそのアーティストについて、それらがどのようにして人々に好まれるようになったかをたどってみることにしたい。また日本人に馴染みの深い、アコーディオンやピアノなどの楽器と、日本人のシャンソンの受容との関連にも注目していくことにする。

ミュゼットの誕生がもたらしたシャンソンとアコーディオンの出会い

フランスのポピュラー音楽の歴史は、歌の音楽であるシャンソンの歴史であることは、すでに見てきた通りである。そのシャンソンに歌ではなく、楽器で演奏される楽曲が出現するのは、19世紀後半に、ミュゼットと呼ばれる音楽がフランスに生まれて、シャンソンと出会ったことがきっかけだった。

ミュゼットはアコーディオンが中心となって演奏される、軽快なワルツやポルカのリズムや、楽しげな、そして時には悲しげなメロディを持つ音楽であるが、シャンソンはミュゼットのアコーディオンが奏でるセンチメンタルな音色を吸収して、新たな魅力を持つようになった。ミュゼットとはどんな音楽なのだろうか。

フランス中部の山岳地帯にオーヴェルニュと呼ばれる地方がある。産業も乏しかったこの地方の人々は、産業革命が起こった19世紀半ばになると職を求めて続々とパリに出て、鉄くず商、いかけ屋（鍋や釜の修理業）、それにカフェなどを営んだ。

貧しい暮らしのなかで、彼らはランチタイムや夜のくつろぎには、集まってダンスを楽しんだ。伴奏には故郷から持参した楽器ミュゼットを奏でた。そもそもミュゼットとはヨーロッパの山岳地帯で羊飼いが吹く楽器＝バグパイプの一種の名前であった。

19世紀末になるとイタリアからも移民労働者がやってきて、オーヴェルニュ出身の人々の住む、バスチーユ地区のラップ通り界隈《かいわい》に住むようになり、彼らの交流が始まった。夜のダンスパーティも彼らは一緒に楽しむようになったが、そこにイタリア人がアコーディオンを持ち込んだ。そのためにイタリア人のアコーディオンと、オーヴェルニュ出身者のミュゼット（バグパイプ）のあいだで、ダンスの伴奏楽器としての主導権争いが起こった。

その結果ピアノと同じ並びの鍵盤を持つ、誰もが弾きやすいアコーディオンが、ミュゼットを押しのけて伴奏楽器の主役となった。テンポの速いダンス音楽のメロディやリズムを弾く楽器としては、アコーディオンのほうが適していた。そこで楽器としてのミュゼットは消えていくことになったが、なぜか彼らが演奏する音楽の名称としては、ミュゼットが生き残ることになった。

アコーディオンが主役になり、ミュゼットという名前になったこの音楽は、20世紀に入ってシャンソンと同じ場所で演奏されるようになり、音楽としてもお互いに影響し合うようになる。1930年代の全盛期には、パリ市内だけでもミュゼットやミュゼットと融合したシャンソンが聴ける店（バル）は300軒以上を数え、庶民的な店から豪華な設備と装飾を誇る店まで大いににぎわった。

ミュゼットは基本的には庶民のダンス音楽なので、3拍子のワルツやマズルカの軽快な曲が多く演奏されたが、ポルカ、パソドブレ、タンゴなど2拍子や4拍子の踊りやすい曲も演奏された。歌の曲でも伴奏はアコーディオンが主役であることには変わりはなかった。

初めてミュゼットの魅力を全世界に印象づけたのは、1930（昭和5）年に作られたトーキー映画「巴里の屋根の下」だった。監督のルネ・クレールは映画と同名の主題歌をはじめ、多くの挿入歌にミュゼットを使い、アコーディオンによってその魅力を世界中の映画ファン、音楽ファンにアピールしたが、その折にはそれらの曲はシャンソンとして世界に広がった。

このようにして、シャンソンというフランス固有のポピュラー音楽に、アコーディオンという楽器が使われることが印象づけられたが、それはイタリアからの移民が、パリにアコーディオンを持ち込んだことに始まる。

しかしそのイタリアもこの楽器が生まれた国ではない。アコーディオンは19世紀初頭にオーストリアの首都ウィーンでオルガン製造技術者の手によって生まれた（ロシアまたはドイツで生まれたという説もある）といわれる。

イタリア人はこの他にも移民する際に、アコーディオンを移民先の国々に持ち込んでいる。たとえばアルゼンチン・タンゴにはなくてはならない、ボタン式アコーディオン＝バンドネオンは、イタリアからの労働者がアルゼンチンに持ち込んだという説がある。

さらに19世紀半ばには、アメリカ合衆国の西海岸に多量の金が採掘される鉱脈が見つかり、ゴールドラッシュとなって世界各地から多くの人が集まったが、そのなかにはイタリア移民も多かった。彼らの娯楽である酒場での歌やダンスにはアコーディオンが使われ、その需要が高まって半世紀余りのあいだにサンフランシスコでは、アコーディオン工場の建設が10社にも及び、アコーディオンはますます普及したという。

アコーディオンといえばシャンソン、すなわちフランスの楽器というイメージを持ってしまいがちだが、じつはこの楽器の多くはイタリア人によって、フランスを含めて世界中に広がったものである。

シャンソンの主役にはなれなかったアコーディオン

日本にアコーディオンが持ち込まれたのは江戸時代や明治時代ともいわれるが、大正時代になると、日露戦争で捕虜になったロシア兵たちがアコーディオン（当時は手風琴と呼ばれた）を残して帰り、それを日本の製薬会社の行商人たちが客寄せに演奏しながら全国に薬を売って歩いた、という記録がある。

そして1928（昭和3）年にはトンボ・ハーモニカ製作所（現トンボ楽器製作所）が日本初の「トンボ1号」というアコーディオンを試作し、その数年後には量産に入っていた。しかし日本人がシャンソンにアコーディオンが使われること、そしてそれがこのうえなく素晴らしい効果を生むことに初めて気がつくのは、日本では1931（昭和6）年に公開された映画「巴里の屋根の下」を観て、アコーディオンが演奏する主題歌を聴いたときである。

この映画と主題歌のヒットがきっかけとなって、日本にアコーディオンのブームが起こった。特に流行歌の世界では顕著で、同年、「丘を越えて」（作曲：古賀政男、作詞：島田芳文、歌：藤山一郎）の録音の前奏と伴奏に、初めてアコーディオンが使われた。それは日本の流行歌と伴奏楽器としてのアコーディオンの長い付き合いの始まりだった。

このときはフィリピン人のピアニストが雇われたが、アコーディオンの演奏方法がわからず、数人で楽器を机上に置いて蛇腹の空気の出し入れを行い、その前に演奏者が座ってピアノのように演奏したというエピソードが残っている。その後は流行歌の伴奏のオーケストラにアコーディオンが加わることが非常に多くなった。

この流れは戦中・戦後と続いていく。戦時中は流行歌の伴奏オーケストラも人手不足になり、藤山一郎や岡晴夫らの歌手が、アコーディオンを自分で弾いて、ひとりで舞台に立ち歌うこともあった。

戦後になると、酒場、クラブなど流行歌を歌う場所では、アコーディオンがどこでも使われるようになった。プロの流行歌手がコンサートやテレビの歌番組で歌う場合も、伴奏オーケストラや伴奏バンドには、アコーディオンは欠かせない楽器となった。アコーディオンは、ひとりの奏者が右手でメロディを弾きながら、左手の和音ボタンで伴奏をすることもできる。そのうえ軽量で運びやすい。流行歌の演奏や伴奏にはまさにお誂《あつら》え向きの楽器だった。

やがて「NHKのど自慢」「スター誕生」などの、ラジオやテレビの歌謡コンテストが盛んに行われるようになったが、そこでの伴奏バンドでは、アコーディオンが大活躍をするようになる。横森良造のように人気が出て名を知られるようになる奏者も現れた。歌声喫茶でもアコーディオンを抱えたリーダーの姿が見られるようになった。アコーディオンは日本の歌謡シーンには、なくてはならない楽器になっていった。

シャンソンの世界ではどうだったのだろうか。アコーディオンは日本に持ち込まれて、日本でのシャンソンの発展に貢献したことは明らかだ。シャンソンを最初にステージに乗せて、日本の聴衆の前にその魅力を見せた宝塚少女歌劇でも、アコーディオンは当初から使われた。さらに映画、レコード、ラジオなどのメディアの進展によって、日本のシャンソンが発展の道を歩む過程で、アコーディオンは伴奏楽器として、前奏や間奏や和音の演奏に欠かせない存在になっていった。
しかしシャンソンという音楽ではアコーディオンは決して主役にはなれなかった。シャンソンの主役は常に歌であり、アコーディオンはそれをサポートする伴奏楽器に過ぎなかった。それは流行歌におけるアコーディオンの役割にも通じるところである。立っても歩きながらでも弾けることや、ピアノと同じ並びの鍵盤を持ち（ボタン式アコーディオンは別にして）、ピアニストなら少しの練習で誰でも弾けるようになるという手軽さはあったのだが。

アコーディオンが主役になれなかった要因のひとつには、シャンソンにはアコーディオンで演奏するヒット曲がほとんど生まれなかったことがある。確かに「巴里の屋根の下」ではアコーディオンは独奏楽器として日本の聴衆を魅了し、その2年後には映画「巴里祭」のテーマでも同様の役割を果たしたが、その後はアコーディオンが魅力を発揮する人気曲がなかなか生まれなかった。その意味ではアコーディオンは、それを待っていた日本のシャンソン・ファンの期待を裏切ってきたともいえる。アコーディオンによるシャンソンのコンサートが行われたり、レコードが発売されたりすることもあったが、そこでも人気があるのは、歌の曲として作られたヒット曲をアコーディオンが演奏するというものがほとんどであり、アコーディオンのために作られたオリジナル曲は少なかった。

また、ミュゼットという音楽のなかでもアコーディオンの役割が減少する傾向が生まれた。パリでミュゼットとシャンソンとの融合が進むと、ヴァルス・ミュゼット・シャンテ（歌の入ったワルツ・ミュゼット）と呼ばれる、歌が中心となるミュゼットが生まれた。それはたちまち人気を得るようになり、エディット・ピアフやジュリエット・グレコなどのシャンソン歌手たちも歌うようになった。ミュゼットはシャンソンと融合して、ますます歌の曲が多くなり、その結果アコーディオンが使われることは少なくなっていった。

その後も、アコーディオンやギターが中心となる従来のダンス音楽のミュゼットは生き残ったが、一般の人々が聴くことは少なくなり、マニアックな人たちの好む民族音楽＝ワールド・ミュージックに近いものになっていった。


シャンソンのライバルとして、同じ時期に日本での普及が始まった音楽に、アルゼンチン生まれのタンゴがある。タンゴにもアコーディオンの姉妹楽器であるバンドネオンが、その発展途上で加わることになったが、バンドネオンは華麗なバリエーション、情熱的なリズム、哀愁に満ちたレガートのメロディなどの演奏が人々の心を打ち、歌のないタンゴを演奏するソロ楽器としてタンゴ・ファンを喜ばせてきた。

シャンソンにおけるアコーディオンは、タンゴにおけるバンドネオンのような役割は果たせなかった。それは、タンゴはそもそも楽器演奏によるダンス音楽として発展してきたのに対して、シャンソンは歌の音楽であり、常に歌という主役がいたことに起因しているともいえる。

ヒット曲「急流」「シバの女王」の誕生
～オーケストラでシャンソンを世界に届けたバンドリーダーたち

1950年代に入ると、フランスではふたつのポップス・オーケストラが誕生した。両者とも歌を愛する国＝フランスでは本流とはいえない、歌のないオーケストラのサウンドが主役の楽団である。まず1952（昭和27）年にはフランク・プールセル楽団が結成された。フランク・プールセルはヴァイオリニストで、楽団を作る前は「聞かせてよ愛の言葉を」や「私の心はヴァイオリン」を歌った女性歌手、リュシエンヌ・ボワイエの伴奏バンドで腕を磨いた。

フランク・プールセル楽団の名を世界的に高めたのは、1955（昭和30）年に「急流」という曲が多くの国でヒットしたことが大きな要因である。さらに1959（昭和34）年にはプラターズのヒット曲「オンリー・ユー」をカヴァーしたが、これはアメリカのビルボード誌のランキングで9位まで上昇するヒットとなった。

日本におけるこの楽団の演奏曲のヒット曲としては「ミスター・ロンリー」も広く知られる。それはこの曲がTOKYO－FM放送の人気番組「JET STREAM（ジェット・ストリーム）」のテーマ曲として、長期間にわたって使われたことによる。

この他にもフランク・プールセル楽団の演奏には、「アドロ」＝フジテレビ・ドラマ「光る海」のテーマ曲、そして「イージー・カム、イージー・ゴー」＝NHK－FM「朝のポップス」のテーマ曲、さらに「急流」＝FM福岡「サウンド・ミュージアム」のテーマ曲など、ラジオ、テレビ番組のテーマ曲に使われるものが多く、音楽ファンには馴染みのサウンドとなった。

1956（昭和31）年にはレイモン・ルフェーヴルの楽団が誕生した。正式な名称はフランスでの名称の直訳であるレイモン・ルフェーヴル・グランド・オーケストラである。彼はフランク・プールセル楽団のピアノ奏者を務めたこともあったが、自分の楽団では指揮、作曲、編曲、そして時にはフルート奏者も務めた。

レコードでは1958（昭和33）年から60年代にかけて「雨の降る日」「バラ色の心」などが

アメリカのヒットチャートにランクされ、世界的に知られるようになった。

ルフェーヴル楽団の日本での決定打は、何といっても１９６９（昭和44）年に発売されたシングル盤「シバの女王」である。旧約聖書に登場するシバの女王をイメージして、フランスの歌手ミシェル・ローランが作曲したこの曲は、印象的なギターのイントロダクションがあって、その後に美しい弦のユニゾンの主題が現れるという、ルフェーヴルの名アレンジ、名演によって、幅広い日本の音楽ファンの心を捉えてヒット曲となった。当時のオリコン・シングル・チャートでは、１００位以内に長期間ランクインを続け、通算30万枚を超えるレコード売上を記録した。

このような「シバの女王」の長期ヒットの要因としては、１９６７（昭和42）年にスタートしたＴＢＳラジオの人気深夜番組「パック・イン・ミュージック」のエンディング・テーマとして長く使われたことがあげられる。そして１９７２（昭和47）年には、アルゼンチン出身のグラシェラ・スサーナが、この曲を「サバの女王」のタイトルで、なかにし礼の訳詞による日本語の歌詞で歌い、注目されたことも有効だった。

このようなポップス・オーケストラの出現は、フランスだけのことではなく、アメリカではパーシー・フェイス楽団、グレン・ミラー楽団、ユーゴー・ウィンターハルター楽団など、イギリスではフランク・チャックスフィールド楽団、マントヴァーニ楽団、ジョージ・メラクリーノ楽団、ドイツではリカルド・サントス楽団、アルフレッド・ハウゼ楽団などが相次いで生まれ、ヒット曲やヒット・アルバム作りの競争が世界の市場で展開された。

これらはイージーリスニング・ミュージック（耳にやさしい音楽ということから生まれたネーミング）、あるいはムード音楽という、新しいジャンルとして捉えるべき音楽の誕生だった。この時期、アメリカのビルボード誌などの業界向けのチャート掲載誌には、イージーリスニング・チャート、あるいはAOR（アダルト・オリエンテッド・ロック）チャートが設けられ、このようなジャンルの音楽のランクづけが始まった。

フランク・プールセル楽団の「急流」も、レイモン・ルフェーヴル楽団の「シバの女王」も、このような新しいジャンルのなかに生まれた新しい感覚のヒット曲として捉えられるものであるが、そのいっぽうでこの2曲からはフランスの伝統的なシャンソンの香りも感じられる。これはオーケストラによるシャンソンの誕生でもあり、新しいポピュラー音楽を聴く楽しみが音楽ファンにもたらされたともいえる。次に紹介するポール・モーリアの音楽は、その発展型と見ることができる。

チェンバロが奏でる新時代のシャンソン
～ポール・モーリアの「恋はみずいろ」「オリーブの首飾り」

1967（昭和42）年のユーロビジョン・ソング・コンテストは、オーストリアのウィーンで開かれた。そこで第4位に入賞したのが、ルクセンブルク代表として出場した、ギリシャ生まれのヴィッキーが歌った「恋はみずいろ」だった。

「恋はみずいろ」はフランスのアンドレ・ポップ作曲、ピエール・クール作詞の曲で、フランス語では"L'amour est Bleu"（ラムール・エ・ブル）、英語では"Love is Blue"（ラブ・イズ・ブルー）というタイトルで知られる。

コンテストでヴィッキーがこの曲を歌ったときは、ビートが強くてテンポも速く、ありきたりなフランスのポップ・ソングであり、あまり注目はされなかった。

ところがフランスのピアニスト兼バンドリーダーのポール・モーリアは、この曲に大きな可能性を感じ、テンポを落としてゆったりとしたイージーリスニング調の曲に変えることを思いついた。

彼はすでにポール・モーリア・グランド・オーケストラという自分の楽団を持ち、フィリップス・レーベルと契約を結んでいたので、そこで新しい編曲の「恋はみずいろ」を録音して世界の主要な国々で発売した。結果は大成功だった。

まずアメリカでは発売の翌年の１９６８（昭和43）年２月から、連続５週にわたってビルボード誌の全米ヒットチャートのトップを獲得するという快挙となった。その年の年間チャートでもトップ10内にランクされた。

日本でもポール・モーリア楽団による「恋はみずいろ」のシングル盤は、１９６７（昭和42）年10月に発売され、まもなくアメリカのビルボード・チャートでのランキングの上昇が伝わって売上も急上昇し、その後はベストセラーを続ける長期的なヒット曲になった。

この成功は、ポール・モーリアがこの曲の本当の魅力を見抜き、それを活《い》かす編曲をしたからである。それは彼が単にイージーリスニング音楽として聴きやすいゆっくりしたテンポの曲に編曲したということではない。

ポール・モーリアが目指したのは、それまでのフランスのレイモン・ルフェーヴル楽団や、イギリスのマントヴァーニ楽団のように、ヴァイオリンを中心とする弦楽器でただ単に美しいメロディを演奏する音楽ではなく、ロックやラテンのリズムなども取り入れて、若い世代にも好まれる新しいシャンソンをオーケストラで演奏することだった。

そのためにポール・モーリアは、今までこの種のオーケストラには使われなかった楽器を用いることにも挑戦した。そのひとつがチェンバロである。彼は「恋はみずいろ」の曲の冒頭の印象的なメインテーマを、チェンバロで演奏することを試みた。するとそこには今までのポピュラーのオーケストラにはなかった、ユニークで魅力的な音色が生まれ、この曲を世界的なヒット曲とする決め手ともなった。

バロック音楽の時代にクラシックで使われたチェンバロを、現代のポピュラー音楽に使ってみるという試みが成功したのである。それはこの曲に隠れていた、伝統的なシャンソンの情感を引きだすことにもなった。

その他にも彼は「エーゲ海の真珠」（1971＝昭和46年）、「涙のトッカータ」（1973＝昭和48年）、「オリーブの首飾り」（1975＝昭和50年）などの多くのヒットを放ったが、ほとんどの曲で弦楽器、ピアノとともにチェンバロを使い、それにドラムなどの打楽器やシンセサイザーを加えた。これがポール・モーリア楽団の特色となり、世界中の音楽ファンが、新しいイージーリスニング音楽であり、新しい感覚のシャンソンでもあるこの曲の誕生を歓迎した。

ポール・モーリア楽団はレコードの発売が多いことでも目立つ存在である。日本では1965（昭和40）年のデビュー以後、1980年代の半ばまでの約20年間、ビクターのフィリップス・レーベルで、約80枚のシングル盤（A／B面合わせると約160曲）が発売された。1年間平均で約4枚のシングル盤で合計8曲が発売されるという多さである。

さらにこれらのシングル曲に加えて、彼にとってはライバルであるアーティストたちのカヴァー曲を中心とするLPレコードの制作も精力的に行い、その発売総数は500枚（種）を超えている。ただしこれには既発売のシングル曲の音源を使った、いわゆる編集ものと呼ばれるLPも含まれる。

また1980年代に入るとLPレコードがCDに切り替わる時期となり、同じ内容のLPとCDが同時に発売されることもしばらく続き、ポール・モーリアのレコードの発売枚数はさらに多くなった。

このようなことから、ポール・モーリア楽団は、日本のポピュラー音楽の市場では、レコードの売上枚数及び金額が多いオーケストラのひとつとなった。

ところでポール・モーリアの多くのヒット曲のなかで「オリーブの首飾り」については、日本では面白い現象が起こっている。それはこの曲が手品やマジック・ショーの伴奏音楽としてしばしば使われるようになったことだ。

最初に使ったのはプロの手品師の松旭斎《しょうきょくさい》すみえで、彼女は偶然カーラジオでこの曲を聴き、マジックのＢＧＭに向いていると感じて、１９７５（昭和50）年頃から使い始めたという。それがいつのまにかプロもアマも含めて、日本全国の手品師のあいだに広がった。従来からマジックには楽しいおしゃべりをはさむこともあったが、音楽を入れることが始まったのは、松旭斎すみえがこの曲を使い始めてからともいわれる。その後、彼女は日本奇術協会の名誉会長に就任している。

「オリーブの首飾り」はこのように使われるようになって、多くの人の耳に届くことになり、現在ではむしろ「恋はみずいろ」よりも身近に聴くことが多い曲になった。日本ではレコードの売上も通算では「恋はみずいろ」を上回っているという。

ハリウッドに進出したフランス製の映画音楽～フランシス・レイの「ある愛の詩《うた》」

映画の都ハリウッドのあるアメリカにはかなわないが、映画を発明したリュミエール兄弟を生んだ国フランスも、映画の製作ではその質も量も世界の国々のなかでも抜きん出ていた。それは映画とともに作られた映画音楽についてもいえることだ。

特に映画音楽がポピュラー音楽のなかでも主流を占めていた20世紀の後半には、日本のヒットチャートでも、フランスの映画音楽がアメリカと並んで上位を占めていた。

その頃フランス映画音楽界では、多くの作曲家が新作映画の音楽作りへの参加を競っていたが、そのなかで、フランシス・レイが出世作「男と女」の主題曲で注目を浴びたのは、1966（昭和41）年のことだった。

彼は1932（昭和7）年に南仏ニースで生まれ、ニース音楽院でクラシックを学んだ後パリに移り、アコーディオン演奏をしながらシャンソンの作曲を始めた。やがてエディット・ピアフと出会い才能を認められ、ピアフに作品をしばしば歌ってもらうようになる。

ある時フランシス・レイが短編映画のために作曲した音楽に、映画監督のクロード・ルルーシュが注目して、新作映画「男と女」の音楽を依頼した。印象的な「ダバダバダ……」のスキャットが特徴のこの主題曲は、大ヒットして映画の成功にも大きく貢献した。

「男と女」の2年後の1968（昭和43）年には、同じルルーシュ監督が、この年にフランスのグルノーブルで行われた第10回冬季オリンピックの記録映画を撮影した。原題は「フランスの13日間（13 Jours en France）」だが、日本では「白い恋人たち」というロマンティックなタイトルとなった。

この映画もフランシス・レイが主題歌を作っている。記録映画に主題歌を作ることは珍しいことだったが、新しい試みとして注目された。フランス語のコーラスによるサントラ盤とデュエット盤の2種があるが、日本語では永田文夫の訳詞をザ・ピーナッツが歌ってヒットした。

さらに2年後の1970（昭和45）年にはフランシス・レイに、また願ってもない仕事が舞い込んだ。アメリカのメジャー映画会社のパラマウント社が製作するラブストーリー、「ある愛の詩」の主題曲の作曲の依頼がきたのである。

この映画はラブストーリーとはいうものの、エリートの家に生まれた男が父親の反対を押し切って一般家庭の女性と結婚するが、女性が白血病で亡くなってしまう、という悲劇である。

このようなアメリカ映画の音楽制作を、監督のアーサー・ヒラーは、フランス人のフランシス・レイに依頼した。「男と女」以後ヒット作を連発していたフランシス・レイを見込んだということや、映画の内容がフランス映画っぽいということもあったと思われる。

この選択は間違ってはいなかった。映画「ある愛の詩」は、ゴールデングローブ賞でグランプリ（作品賞）を取り、アカデミー賞でも作品賞をはじめ複数の部門でノミネートされるなど、作品としての評価も高かったが、特に音楽はアカデミー賞作曲賞を見事に受賞した。フランスの音楽がハリウッドを制覇したということである。

日本でも「ある愛の詩」は映画がヒットしたことに加え、主題曲のサントラ盤もヒットチャートの上位を占めた。アンディ・ウィリアムスが歌うカヴァー・レコードも発売され、サントラ盤のライバルとなった。

このようにして生まれた「ある愛の詩」の主題曲がヒットした1970年代は、フランスのポピュラー音楽界でもロックや新しいジャズが台頭していた時期である。しかしこの曲はそれらの要素はほとんどなく、伝統的なクラシックにも通じるインストルメンタルのポップスであり、ピアノとギターが美しくも悲しいメロディを奏でる、歌のないシャンソンである。監督のアーサー・ヒラーがフランシス・レイを起用したのも、そのような曲を望んだからに違いない。

ピアノで弾く新しいシャンソン～リチャード・クレイダーマン登場

第3章でも触れたように1960年代半ばになると、アメリカやイギリスからのロックやフォークやディスコ・サウンドなどの影響を受けた、日本でフレンチ・ポップスと呼ばれる音楽がフランスに生まれた。アメリカやイギリスからのロックの影響を受けた音の大きな電子楽器や、ドラムなどの打楽器や、それらを使った激しいリズムが目立つ音楽である。

そのようなフランスのポピュラー音楽シーンに、フランスにはまだこんなにシンプルで美しい音楽もあるのだといわんばかりに、静かで優雅な曲を演奏するピアニストが登場した。それがリチャード・クレイダーマンである。

リチャード・クレイダーマンの本名は、フィリップ・パジェスという。幼少よりピアノがうまく天才と期待され、16歳でパリ・コンセルヴァトワールを首席で卒業する。

しかしクラシックは自分の肌に合わないとポピュラー音楽の道に入り、まずはスタジオ・ミュージシャンや、有名歌手の伴奏オーケストラのピアニストを始めた。このような足取りは、この道の先輩バンドリーダーのレイモン・ルフェーヴルやポール・モーリアに似ている。

この後、彼にはラッキーな展開が待っていた。あるオーディションを受けたところ、見事に合格したのである。それはパリの音楽プロデューサーが、新たにピアニストのスターを作りだすために、その候補者を選抜するものだった。

合格の要件としては、プロのピアニストになれる技術があること、若い女性や子供たちに好まれそうな容姿や人間性を持つことはもちろんだが、「渚《なぎさ》のアデリーヌ」という曲が準備されていてそれをデビュー曲として弾くことという変わった条件もあった。〝ピアノの貴公子〟というニックネームも用意されていた。

オーディションに合格した彼は、このプロジェクトを企画したオリヴィエ・トゥッサンという音楽プロデューサーのもとで、筋書き通りリチャード・クレイダーマンという名前のピアニストとしてデビューした。

1976（昭和51）年にフランスで発売されたデビュー・シングル盤「渚のアデリーヌ」は、当初フランスではあまりヒットしなかったが、ドイツではまもなくヒットチャートのトップになった。そのニュースが伝わってフランスでも注目されるようになった。

このことがあって日本では、ビクターがフランスのデルフィン・レコード社と、リチャード・クレイダーマンの日本での独占販売契約を結んだ。

クレイダーマンの音楽は、今までにないタイプのイージーリスニング音楽、すなわち〝ニュー・イージーリスニング音楽〟と銘打って売り出された。〝新しい感覚の耳あたりのよい音楽〟ということである。ヘヴィなサウンドのロックやジャズとは一線を画す、心の休まる音楽を聴きたい人も多いはずという狙いもそこにはあった。

日本でのクレイダーマンの売りだし作戦は、レコード会社、楽譜出版社、通称〝呼び屋〟と呼ばれるアーティスト招聘会社の3業種がチームを組んで展開された。そこでは次々にレコードを発売し、その楽譜を出版し、主要都市でコンサートを開催してそれらの曲を人々に楽しんでもらうという、オーソドックスながら周到に計画された、ヒット曲作りとアーティストのスター化が進められた。

さらに〝ピアノの貴公子〟クレイダーマンならではの、プロモーション作戦も展開された。それは学生を中心とする若い女性に働きかけて日本のファン・クラブを結成し、会員が喜ぶようなアーティストの情報や特典を与えることによって、ファンを増やしていくものであった。


クレイダーマンの音楽は、聴く音楽としても素晴らしかったが、もうひとつ特筆すべき魅力があった。それはほとんどの曲がアマチュアのピアニストが、ピアノの弾き方を習得するための音楽、つまりピアノの練習曲としても使える〝弾きやすい〟音楽であったことだ。しかもそのレベルは子供を含めて、かなりの初心者にも向いていた。そのためクレイダーマンの楽曲は日本全国の多くのピアノ教室で、教材として使われるようになった。

クレイダーマンが「渚のアデリーヌ」で日本でのデビューを飾ったのは、フランスでのデビューの2年後の1978（昭和53）年であり、日本でピアノの生産がピークに達する1980（昭和55）年の直前の時期で、ピアノ学習熱はまだまだ高い時代だった。

クレイダーマンの楽曲が聴く音楽としてだけではなく、アマチュアが〝演奏する〟音楽としてもうってつけということに、レコード会社と楽譜出版社は気がついていた。そこで全国の家庭にレコードと楽譜を併せて買うことを勧めるキャンペーンを推進し、同時に全国のピアノ教室とピアノ教師に、クレイダーマンの楽曲を指導に取り入れるよう働きかけを強めていった。それは着実に実を結んでいった。

さらに1998（平成10）年には、NHK教育テレビの「趣味悠々」という番組で、「リチャード・クレイダーマンのピアノレッスン」が放送されることになった。毎週木曜日夜の30分番組で全13回放送されたが、毎回クレイダーマン本人がピアノの講師として出演し、タレントなどの有名人を生徒に招いて指導した。

このような周到な計画のもとで、クレイダーマンの音楽は順調に市場価値を高めていった。それは日本だけではなく世界の国々でも同様だった。年間のコンサートの回数が世界各国総計で300回以上となりギネス記録にも認定された。彼がコンサートで弾くレパートリーも、オリジナル曲のヒット曲に加えて、各国のポップスや童謡など幅が広くなっていった。

クレイダーマンの成功をもたらしたのは、日本でもデビュー曲の「渚のアデリーヌ」をはじめ、「星空のピアニスト」「秋のささやき」「愛《いと》しのクリスティーヌ」「母への手紙」「愛のコンチェルト」「午後の旅立ち」「虹色の心」など多くのヒット曲である。どの曲も発売されるたびにチャートをにぎわした。

クレイダーマンの音楽は、新しい時代の〝歌のないシャンソン〟、あるいは〝ピアノが奏でるシャンソン〟と呼ぶのにふさわしい音楽といえるだろう。日本の多くのピアノの愛好者に、そのような新しいシャンソンを弾きながら、ピアノの技術を磨くチャンスを与えたのも、クレイダーマンである。

終章　シャンソンの今までとこれから

（左）シャンソン喫茶「銀巴里」。1951年。
写真：Wikimedia Commons
（右）美輪明宏（撮影時期不明）。
写真：Wikimedia Commons

1920年代も終わりに近づいた昭和の初期に、日本の聴衆の前で初めて歌われたシャンソンという音楽は、太平洋戦争による足踏みはあったものの順調に発展し、約30年後の昭和30年代に入る頃にはブーム期が訪れ、日本のポピュラー音楽を牽引する音楽のひとつになった。しかしその後は種々の競合する音楽とのせめぎ合いもあり、そのブームも徐々に沈静化していった。

日本経済がまだバブル景気のピークで絶好調だった1990（平成2）年、日本のシャンソン・ファンから、聖地のように崇《あが》められていた東京・銀座のシャンソン喫茶「銀巴里」が、惜しまれつつ半世紀近くの歴史にピリオドを打った。それは日本のシャンソンの退潮を象徴する出来事だった。今は銀座7丁目に、〝元 銀巴里跡〟の石碑が寂しく残る。

まもなく「銀巴里」だけではなく、どこのシャンソン喫茶でも客足が鈍り、その存続が危うくなる状況になった。「銀巴里」のライバル店でもあった吉祥寺の「ラ・ベル・エポック」も、「銀巴里」の姉妹店だった札幌の「銀巴里」も、21世紀初頭までには姿を消してしまった。なかにし礼がシャンソンの道に入るきっかけとなった、御茶ノ水の「ジロー」も、原孝太郎が活躍した新宿の「ラ・セーヌ」も、今はもうその姿はない。

このようなシャンソン喫茶の状況は、シャンソンの退潮が容赦なく進んだことを物語っている。これまでにも見てきたように、喫茶店という舞台は日本のシャンソンの発展にとって、アーティストとファンを直接結ぶ、なくてはならない場所だった。ベテランから新人まで多くの歌手が出演して歌うシャンソン専門の実演喫茶は、今はもう全国でも数えるほどしか残っていない。

シャンソンはどこへ行ってしまったのだろうか。これからも日本に戻ってくることはないのだろうか。我々日本人のシャンソンとの付き合い方に何か問題があったのだろうか。本書を締めくくるにあたり、そこのところを少し考えてみたい。

2021年8月～シャンソンに訪れた久しぶりの晴れ舞台

長らく表舞台に出ることがなかった日本のシャンソンに、久しぶりに晴れの舞台が訪れた。2021（令和3）年8月8日、東京オリンピックの閉会式でのことだ。そこでシャンソンの名曲、「愛の讃歌」が歌われた。歌ったのは東京出身の日本人歌手milet（ミレイ）だった。彼女はエディット・ピアフが作詞したオリジナルのフランス語の歌詞と、岩谷時子が訳詞して越路吹雪が歌った日本語の歌詞の両方で歌った。この年、東京で新型コロナウイルスの蔓延のなかで敢行されたオリンピックが、次回2024年の開催地パリでは、平穏に開催されることへの祈りを込めて歌われたのである。

この歌が歌われるシーンは世界中の人々がテレビで視聴したが（残念ながら閉会式は無観客で行われたので）、感動を覚えた人も少なくなかったことだろう。生前の越路吹雪を知る日本のシニアの人々には、若き日に耳にした越路の名唱がよみがえり、当時に立ち帰る思いを持った人も少なくなかったはずだ。シャンソンもいいなと思った若い人もいたかもしれない。

しかし長くシャンソンを聴いてきたシャンソン・ファンにとっては、何とも物足りない「愛の讃歌」であった。どんなに短くても3分半はかかるこの曲が、約2分に短縮された。前半のAメロ提示部は一部省略、後半のBメロ（サビの部分）は全部省略という有様だった。ショー全体のなかでの時間の制約があるにせよ、〝それはないよ〟とつぶやいたシャンソン・ファンもいたことだろう。

もうひとつ気になったことは、フランス語と日本語のどちらも理解できる人は、このときに歌われた前半と後半の歌詞のトーンの違いに違和感を覚えたのではないか。前半の岩谷時子の日本語訳詞は純粋で甘い愛の歌だが、後半のフランス語の原詩ではそれが深刻で激しい愛の歌になっている。それをひとりの歌手がひとつの歌として歌ったのだから。

だからといって、この歌唱が東京からパリへと引き継がれるオリンピックの閉会式にふさわしくなかったと言うつもりはない。久しぶりに訪れたシャンソンの名曲の晴れ舞台を素直に喜ぶべきだろう。


このような大舞台で、日本のシャンソンの絶頂期の歌ともいえる「愛の讃歌」を歌ったのが若いシンガー・ソングライターだったことは、日本のシャンソンの現状を反映しているといえるだろう。

日本でのこの歌の創唱者ともいえる越路吹雪もすでに亡く、深緑夏代、中原美紗緒、岸洋子らのベテラン歌手たちも皆この世を去った。しかし残念ながらシャンソン専門の若い歌手は育っていない。そのためこのような役割は、シャンソンのスペシャリストではなく、今回のように幅広い分野の歌に挑戦している歌手のなかから、シャンソンを歌える歌手が選ばれることになったのだろう。

このようなことは昨今のシャンソンのコンサートでは起こりがちなことである。毎年恒例の日本のシャンソンの祭典、「パリ祭」でもこれに類似することが見られる。

このところ「パリ祭」のコンサートのメインの出演者となっているのは、美川憲一、前田美波里、鳳蘭《おおとりらん》、高畑淳子、ROLLYなどの顔ぶれで、普段からシャンソン歌手と呼ばれている人たちではない。これらの歌手が、「パリ祭」ではシャンソンを歌っている。2021（令和3）年の「パリ祭」でゲスト歌手として出演し、「ドミノ」と「バラ色の人生」を歌って評判がよかった藤あや子も、演歌歌手ではあるがシャンソンも歌う、レパートリーの広い歌手だ。

今や日本でも数少なくなったシャンソンの祭典＝「パリ祭」のステージに、シャンソンのスペシャリストの歌手がほとんどいない。それは現在のシャンソンの不振を如実に物語っているのではないか。「パリ祭」の主催者は毎年若手のシャンソンの新人歌手を発掘するためのコンテストも行っている。その他にも同様のコンテストが行われている。しかし、残念ながらそこからも頭角を現す歌手が出てこないのが現状だ。もうシャンソンのスペシャリストは育たないのだろうか。

シャンソンを歌うことの難しさについて、美輪明宏は自著『紫の履歴書』のなかでつぎのように指摘する。

シャンソンは、難物中の難物。フランス歌曲の発声に、発音、囁《ささや》き、語り、絶叫、メロディックな唱法、また、リズムも、ワルツ、タンゴ、ツー・ビート、フォー・ビート、その他ラテンリズム、それらの全てが含まれている。さまざまなジャンルがあり、全くの化け物だ。

一人前のシャンソン歌手になるにはこれらを乗り越えなければならない。新人歌手にとっては容易なことではない。「パリ祭」のイベントに大勢の歌手が出演するのも、それぞれが自分の得意な曲を、数曲歌えばよいということが許されるからかもしれない。ましてひとりで歌うワンマン・コンサートやリサイタルで、シャンソンだけを20曲以上も歌うことは大変なことだ。なかなか本格的なシャンソン歌手が生まれないのも、わかるような気がする。

これでよかったのか、フランス語を嫌った日本のシャンソン

日本のシャンソン歌手にとって、フランス語でシャンソンを歌うためにフランス語を正しく発音し発声するのは、必要不可欠なことだ。今もシャンソン歌手を目指すならば誰もが、フランス語を習得する努力を続けていることだろう。そのためにフランスに留学する者も少なくないはずだ。

しかしそのような努力があっても、残念ながら日本人がネイティブのフランス人のレベルまでのフランス語を習得することは容易ではない。それはフランス語を習得しようとするものなら誰もが感じているはずだ。

さらにもし日本人歌手が完璧なフランス語でシャンソンを歌ったとしても、それを日本の聴衆、日本のシャンソン・ファンが、受け止めることができるかどうかという問題もある。それは歌手がフランス語でシャンソンを歌うことよりも、さらに難しいことだろう。

このようなことも日本人歌手がシャンソンを歌う場合に、日本語に訳して歌われることが多くなった大きな要因ではないだろうか。それは日本で初めてシャンソンがステージで歌われた、昭和初期の宝塚少女歌劇団の公演から早くも始まったということは、第2章で述べた通りである。日本語で歌われるシャンソンはストレートに日本人の心に訴えかけてくる。

それからの日本のシャンソンは、フランス生まれの魅力あふれるメロディに、同じくフランス生まれの心を打つ原詩をもとにして作られた日本語の歌詞を載せた、日本独自のスタイルのシャンソンとなり、発展していくことになった。それは、なかにし礼が、喫茶店「ジロー」で初めて日本人歌手の歌うシャンソンを聴いたときには、すでに始まっていた。

もちろん日本におけるシャンソンは、日本人歌手による日本語のシャンソンだけが発展したわけではない。フランスの歌手によるフランス語のオリジナルのシャンソンを聴くファンも早い時期からいたことは確かである。それはフランスからの輸入レコード、あるいは輸入原盤の日本プレスによるレコード、つまり日本のレコード会社が発売する〝洋楽〟レコードで楽しむ、あるいはそれがラジオで流れるのを楽しむという、コアなシャンソン・ファンである。またフランスからのアーティストの来日コンサートには、本場のフランス語のシャンソンを聴くために、普段は日本語のシャンソンを聴くファンがつめかけたことも確かである。

だが戦後になって日本のシャンソン・ブームが訪れたときに、その中心にあったのは、やはり日本人が歌う日本語のシャンソンであった。日本のシャンソンは日本語のシャンソンを愛する人々によって支えられていた。彼らはフランス語ではなく日本語のシャンソンを楽しんだ。

ところで日本語で歌われるシャンソンは、本当にオリジナルのフランスのシャンソンの歌詞を忠実に日本語に置き換えたものなのだろうか。それはすでに本書で繰り返し検証したように、必ずしもそうとは言い切れない。確かに初期の作品では歌詞は忠実に〝翻訳〟されていた。しかし日本のシャンソンが成熟するにつれて、〝訳詞〟や〝意訳〟あるいは〝作詞〟までされるケースも多くなった。岩谷時子訳詞の「愛の讃歌」はそのような〝作詞〟に近い〝訳詞〟の例である。

このような日本語の歌をシャンソンと呼んでよかったのだろうか。それらはフランス製のシャンソンのメロディを使って、そこに日本の作詞家が日本語の歌詞を書き、それを日本の歌手が歌うという、シャンソンとは似て非なるポピュラー・ソングではないのだろうか。

日本の歌謡曲に飲み込まれたシャンソン

日本語で歌われるようになったシャンソンが、日本でブームと呼ばれるような状態にまで発展していくにつれて、日本の歌謡曲がシャンソンに影響されるという傾向が起こり始めた。そのためにいつのまにかシャンソンと日本の歌謡曲の、音楽としての境界線がはっきりしなくなるという現象が起こった。

このようなシャンソンと日本の歌謡曲の融合傾向は、じつは日本でまだシャンソンが元気だった頃から、すでに見られたことである。その時代、すなわちテレビの初期の時代の音楽番組のなかに、それがよくわかる番組がある。

1961（昭和36）年4月にNHKテレビの音楽バラエティ「夢であいましょう」がスタートした。この番組では中村八大（作曲）と永六輔（作詞）による作品が、今月の歌として毎月発表され、その多くがヒットしたが、ほとんどの曲は日本製のシャンソンともいえる曲だった。シャンソンに限りなく近い歌謡曲だったといってもよいかもしれない。中村八大はジャズだけではなく、シャンソンにも並々ならぬ興味を持ち、銀座の「銀巴里」の常連としても通いつめ、シャンソンを深く愛する作曲家だった。

彼は番組のテーマ曲の「夢であいましょう」（歌：坂本スミ子）をはじめ、「遠くへ行きたい」（歌：ジェリー藤尾）、「おさななじみ」（歌：デューク・エイセス）、「故郷のように」（歌：西田佐知子）、「こんにちは赤ちゃん」（歌：梓《あずさ》みちよ）などのヒット曲を次々に世に送りだしたが、それらはどれもシャンソンのエスプリに満ちていた。

このなかの、「遠くへ行きたい」「こんにちは赤ちゃん」は、シャンソンとしてフランスでもレコードが発売された。番組テーマ曲の「夢であいましょう」はミュゼットとして、フランス人歌手によりアコーディオンの伴奏で録音されている。

「夢であいましょう」のようなテレビ番組が生まれたのは、日本の歌謡曲が発展を始めた時期である。この時期にはシャンソンだけではなく、アメリカン・ポップス、ブリティッシュ・ロック、フォーク、ジャズ、ラテン音楽など海外のポピュラー音楽が日本の歌謡曲にも盛んに取り入れられて、和製ポップスと呼ばれる音楽が生まれ、もてはやされるようになっていた。

さらに時代が進むと、ニューミュージック、シティポップ、J-POPなどの新たな音楽の流れも起こったが、これらの流れのなかでも、シャンソンは他の欧米の国々の音楽と並んで、強い影響力を持つようになっていた。

しかしそのように日本の歌謡曲に影響を与えるいっぽうで、シャンソンという音楽そのものは、歌われること、聴かれることが、徐々に少なくなっていった。それは日本の歌謡曲がシャンソンの影響を受けるという受け身の状態ではなく、逆にシャンソンを飲み込んで、自らの音楽に取り入れるようになったからではないか。結果としてシャンソン・ファンもそれに気がつき、歌謡曲に惹きつけられるようになって、シャンソン離れが起こったのではないか、ということだ。言い換えれば、それはシャンソン・ファンが日本の歌謡曲に、シャンソンの匂いを強く感じるようになったということでもある。「夢であいましょう」を聴いた多くのシャンソン・ファンも、そのことを意識していたか無意識だったかは別にして、感じ取っていたのではないか。

日本でこの当時シャンソンと歌謡曲の両方を聴いていた音楽ファンならば、この解釈に納得されるのではないかと思うが、いかがだろうか？

このように考えると、なかにし礼が流行歌作家に転身したのも、越路吹雪が「私は私のシャンソンを歌う」と宣言したのも、芦野宏が家族で歌える歌を歌おうとしたことも、みんな進もうとした方向は同じだったと思えてくる。

原語で歌うか日本語で歌うか、あるいは原語で聴くのか日本語で聴くのか、という問題は、シャンソンに限らず、外国で生まれた歌を、日本人歌手が歌うとき、あるいは日本の音楽ファンがそれを聴くとき、どうしても選択しなければならないことである。どちらを選ぶかはなかなか難しい。多くの日本人はシャンソンを日本語で歌い、そして聴くことを選択した。それでよかったのだろうか。

シャンソンにも望まれる新しいエンタテインメントの創生

１９５０年代後半から60年代にかけて発展を続けてきた日本のシャンソンが、その後不振に陥ったことは、ここまでに述べてきた通りだが、アルゼンチンからヨーロッパを経由して世界に広がったタンゴという音楽も、70年代から80年代前半にかけて不振の時代が続いた。しかしタンゴは１９８０年代中盤から90年代にかけて、二度にわたって新たに魅力的な姿で人々の前に再び姿を現した。

まず１９８３（昭和58）年には、「タンゴ・アルヘンティーノ」という、徹底的にダンスを中心にすえた新しいタイプのタンゴ・ショーがパリでスタートした。

それはほとんど舞台装置のないシンプルな暗いステージで、黒一色のコスチュームのペアのダンサーたちが、スポットライトを浴びてセクシーな踊りをひたすら踊るだけ、という斬新なショーだった。それまでのタンゴのステージといえばステージ上のバンドの前で、歌手とダンサーが交互にプレイするだけというものだったが、見事なまでに斬新なこのショーは多くのヨーロッパの観客を惹きつけ大ヒットとなった。２年後の１９８５（昭和60）年にはニューヨークでも大きくブレイクした。

そして1987（昭和62）年には待ちに待った日本公演も実現したが、長らく鳴りを潜めていた日本のタンゴ・シーンに久しぶりの興奮がもたらされた。

この「タンゴ・アルヘンティーノ」は世界中のタンゴ復活のムードを高めた。これがきっかけとなって、多くのダンス中心のタンゴ・ショーが、アメリカやヨーロッパで新たに誕生した。そのいくつかは日本にもやってきた。

少し遅れて21世紀に入ると、世界規模のダンス競技会「タンゴ・ダンス世界選手権」が毎年アルゼンチンのブエノスアイレスで開催されるようになった。2022（令和4）年には全世界の30か国の50万人以上のダンサーが予選から参加したという。2020（令和2）年の第18回のようにコロナ禍でオンラインイベントとして開催されたこともある。

さらに1996（平成8）年、タンゴにはもうひとつの大きな出来事が起こった。ギドン・クレーメルの「ピアソラへのオマージュ」というCDがこの年に発売されて、それをきっかけにアストル・ピアソラの音楽に対しての高い評価が、彼の母国アルゼンチンだけでなく、世界中から湧きあがったのである。それまで〝タンゴの異端児〟と呼ばれて、アルゼンチンはもとより世界中のタンゴ・ファンからブーイングを浴びていたピアソラの音楽が、急に脚光を浴びることになった。

クレーメルはラトビア生まれのクラシックのヴァイオリニストだが、ピアソラの音楽がタンゴという形態を取りながらも、ジャズやクラシックなど、あらゆる音楽に通じるものであることを、このCDによって世界中のミュージシャンと音楽愛好家に知らしめたのである。

この演奏は単にピアソラの音楽を浮上させたということだけにとどまらず、タンゴという音楽に多くの音楽ファンを惹きつけることになった。それはクラシックやジャズの演奏家やそれを聴く人々も巻き込むことにもなった。

このような大きな波は日本にも波及した。1998（平成10）年のテレビCMがきっかけとなった、チェリストのヨーヨー・マの「リベルタンゴ」（作曲：ピアソラ）のヒットも、この流れのなかで生まれたものだ。ピアソラの人気は一時的なものではなく21世紀になっても長く続いている。

残念ながらシャンソンには、タンゴの世界で起こったこのようなムーブメントは起こっていない。今後シャンソンという音楽が復活するには、タンゴがそうだったように、今まで見せることがなかった新しい魅力ある姿を世界中の音楽ファンに提示する、ということが望まれるのではないか。

「タンゴ・アルヘンティーノ」というタンゴの斬新なダンス・ショーも、「アストル・ピアソラ」という天才音楽家のブレイクも、それまでにはなかった新しいエンタテインメントの創出であり、それを可能にする才能の劇的な出現でもあった。

シャンソンの復活のためにも、世界中のシャンソン・ファンの気持ちを捉え、さらに一般の音楽ファンの胸をもワクワクさせるような、新しいエンタテインメントの創生が望まれる。

コミュニティの音楽からのシャンソンの復活

現在でも日本にはシャンソンの復活を願っているシャンソン・ファンは多いはずだ。しかし彼らが待ち望んでいるシャンソンは、日本の流行歌のなかに飲み込まれてしまったシャンソンではないことも確かである。彼らは1950～1960年代のシャンソン・ブームのときのように、フランスからロマンティックで情感に満ちたシャンソンがもたらされ、それが日本中に広がることを期待しているはずだ。

ところがこのところ、ポピュラー音楽のあり方に、世界的な現象として従来にはなかった大きな変化が起こっている。

日本で起こっていることを考えてみる。関東大震災や太平洋戦争という大きな社会の破壊があり、それを乗り越えようと頑張った20世紀の日本は、国民の多くが国を建て直そうという共通の目的を持っていた。職場では団結し、家族は協力し合った。そこでは人々は人並みの生活を求め、共通のファッションを追った。そこに音楽も共有するという流れが生まれ、それが流行歌を発展させた。

しかし社会が成熟した21世紀になると事情は変わった。社会の共通の目的は薄れて、人々は自分の幸せだけを求めるようになった。流行を追うことには興味を示さなくなり、自分の好きなものを求めるようになった。

音楽についても同じことがいえる。音楽メディアもデジタル化が進み、個人で好きな曲が楽しめるモバイル機器の開発や、各種の配信サービスが進んでいる。みんなが歌を共有するという環境はなくなってきた。こう考えると誰もが知り、誰もが好むような20世紀型の流行歌、あるいはポピュラー音楽はもう出現しないこともありうるのではないか。フランスでシャンソンにヒット曲が生まれなくなったのも、日本と同様の社会の変化が原因ではないのか、と考えてしまう。

これに関連して、なかにし礼は自著『歌謡曲から「昭和」を読む』のなかで、こう言っている。

「歌謡曲の時代は終わった。あとに残るのは、細分化された、せまいコミュニティのなかでのみ熱狂を呼ぶ音楽である」

ここで言われている〝せまいコミュニティのなかでのみ熱狂を呼ぶ音楽〟とはどういうものなのだろうか。多分、それは従来の流行歌のように、幅広いファンが共有する音楽ではなく、ある集団のなかの人々だけに熱烈に好まれる曲やアーティストのことだと思われる。特定の会場で開かれるライブに集まる人々や、インターネットのなかで同じ音楽やアーティストに共感する人々のグループがたくさんできて、そういうクローズドな場所がいくつも生まれて、それぞれの場所で熱狂的に聴かれる音楽が生まれているということだろう。

シャンソンを愛する人たちのコミュニティも、いろいろなかたちですでに生まれており、そこではシャンソンが熱心に聴かれているようなのだ。今も大都市の片隅に残るシャンソン喫茶では、小さなコミュニティが形成されているように思われる。毎年夏に各地で行われる日本の「巴里祭」のイベントも、シャンソン・ファンのコミュニティのひとつである。インターネットのなかにも、多くのシャンソン愛好者のコミュニティが生まれているはずだ。

コミュニティの音楽は社会全体の音楽ではない。しかしそのコミュニティが、どんどん膨らんでいけば、その音楽が広く社会に知られるようになりうる。シャンソンも、このようなかたちで復活する可能性もあるのではないか。

これはシャンソンに限らず、日本の流行歌（なかにし礼は歌謡曲と呼んでいるが）も含めてすべてのポピュラー音楽にいえることだろう。そのためには、社会全体をひとつのコミュニティにしてしまうような、有能な才能が出現することを待たなければならない。シャンソンにもそのようなことが起こるかもしれない。それを期待したいと思う。

おわりに

私の学生時代はシャンソンがとても元気な時代だった。特に大学に通っていた1960年代前半の4年間は、日本でシャンソンがブームとなっていた時期である。この時期、私は大学の部活でタンゴバンドに入って楽器を演奏していたので、聴く音楽も演奏する音楽もタンゴが圧倒的に多かった。しかしタンゴバンドではシャンソンを演奏する機会も少なくなかった。

なぜかというと当時の若者のあいだでは、ダンスを踊ることが流行していて、街なかのダンス教室で教習を受け、大学や専門学校などで行われるダンス・パーティに踊りにいく学生が大勢おり、そこで伴奏するために学生バンドが呼ばれた。私の所属する「オルケスタ・デ・タンゴ・ワセダ」にもしばしば声がかかった。

もちろんタンゴばかりを演奏することは許されず、ブルース、ルンバ、ワルツ、ジルバなどダンスを踊るための各種の音楽がリクエストされた。そのような折に我々のタンゴバンドはシャンソンを演奏した。シャンソンはタンゴのようにリズムが決まっておらず、いろいろなリズムを持つ曲があり、リクエストによってそれに合わせたリズムの曲を選んで演奏できた。ブルースでは「ラ・メール」「枯葉」、ルンバでは「ルナ・ロッサ」「アデュー」「初めての日のように」、それに当時発表されたばかりの「サン・トワ・マミー」、ワルツでは「シャルメーン」「ジプシームーン」、ジルバでは「哀れなジャン」などを演奏した。

ところが、我々のバンドがこのような曲種を演奏するのは簡単ではなかった。何よりも困ったのはドラムがないので、踊りやすいようにリズムを強調して演奏することが難しかった。フロアからは〝踊りにくい〟との声が聞こえてくることもあった。

それを切り抜けられたのは、当時のバンドのなかに歌の得意なメンバーがいたからだった。彼らがリズムに乗って歌ってくれたので、踊りやすい演奏にすることができた。フロアで踊る学生たちも、当時耳にすることが多かったシャンソンの流行歌に乗って、ダンスを踊ることを喜んでくれるようになった。我々はやはりシャンソンは〝歌〟の音楽（器楽の音楽ではなく）であることを実感しながら演奏していた。

シャンソンがクラシック音楽の作曲家に影響を与えているケースもある。日本を代表するクラシックの作曲家に武満徹《とおる》がいる。彼は若くして「弦楽のためのレクイエム」や「ノヴェンバー・ステップス」などを発表し、それが認められて世界的な名声を得た。その武満が音楽の道へ進むことを決心したのは、14歳のときにあるシャンソンの曲を聴いて、感動したことがきっかけだったという。

彼が戦争中の学徒動員で埼玉県に行ったとき、そこで若い見習い下士官が、手回し式の蓄音器で聴かせてくれたのが、フランスの女性シャンソン歌手リュシエンヌ・ボワイエが歌う「聞かせてよ愛の言葉を」だった。そのとき武満はシャンソンに魅了されたという。

彼は生涯に20曲余りの歌曲を作曲しており、それらは武満徹の〝Songs〟と呼ばれている。映画、放送、演劇などの作品の主題歌や挿入歌を委嘱されて作った曲が多いが、そのほとんどの曲に、武満の心のなかにあるシャンソンの魂が込められており、それがメロディや和声として表出されている。

この〝Songs〟のうちの14曲が、「小さな空　武満徹ソング・ブック」として制作・録音された。生前の武満とも親交のあった音楽プロデューサー・井阪紘《ひろし》の仕事によるものだが、2022（令和4）年5月にカメラータ・トウキョウからCDが発売された。そこでは武満のシャンソンへの傾倒を確認することができる。

本書を書き進めていくにあたっては多くのかたがたにお世話になった。そのうちの何人かのかたのお名前を記して謝辞を申し述べたい。

ポピュラー音楽評論家の宮本啓さんには、多くの著作を参考にさせていただいたうえに、いろいろなアドバイスをいただいた。アコーディオニストの吉川英夫さんからは、ミュゼットとアコーディオンの関係などを教えていただいた。

レコード会社関係のかたがたにも大変お世話になった。クラシックの音楽プロデューサーの井阪紘さん（現カメラータ・トウキョウ代表）、またビクターでポール・モーリアをはじめ、フランス原盤のシャンソンの編成に携わった岩田廣之さん（後のユニバーサルミュージック会長）、さらには同じビクターでポピュラー音楽の編成にかかわり、フランス・ギャルのヒット曲「夢みるシャンソン人形」などの邦題の名づけ親でもある田中敦さんからもそれぞれ貴重なエピソードを伺った。さらにビクター洋楽部で、長らく欧州のポピュラー音楽を編成されていた、脇田信彦さんには、フランスの映画音楽や、リチャード・クレイダーマンの売り出し作戦にかかわるお話などを聞かせていただいた。

最後になってしまったが、本書の出版の実現には、前著『タンゴと日本人』出版の折にもお世話になった集英社新書編集部の西潟龍彦さん、そして今回お世話をいただいた同部の野呂望子《のぞみ》さん、さらには日本アート・センターの福島輝男さん、校閲の集英社クリエイティブの方々に、ひとかたならぬご尽力をいただいた。

皆様に深く感謝し心からお礼を申し述べたい。ありがとうございました。

そして私事ながら、1年余りにわたる本書の執筆活動を支えてくれた、妻の夏江にも感謝したい。

著者

2023年2月

主な参考文献

〈書籍〉

青木透／キーワード事典編集部（編）『映画と音楽の対話』洋泉社、１９９１年
芦野宏『幸福を売る男　私のシャンソン史』日本放送出版協会、１９９８年
蘆原英了『巴里のシャンソン』白水社、１９５６年
蘆原英了『シャンソンの手帖』新宿書房、１９８５年
生明俊雄『タンゴと日本人』集英社新書、２０１８年
生明俊雄『日本の流行歌　栄枯盛衰の１００年、そしてこれから』ミネルヴァ書房、２０２０年
江森陽弘『聞書き　越路吹雪　その愛と歌と死』朝日新聞社、１９８１年
菊池清麿『日本流行歌変遷史　歌謡曲の誕生からＪ・ポップの時代へ』論創社、２００８年
菊池清麿『評伝　服部良一　日本ジャズ&ポップス史』彩流社、２０１３年
菊村紀彦『ニッポン・シャンソンの歴史』雄山閣出版、１９８９年
高護『歌謡曲　時代を彩った歌たち』岩波新書、２０１１年
ジョゼフ・ランザ（岩本正恵訳）『エレベーター・ミュージック　ＢＧＭの歴史』白水社、１９９７年
前田祥丈／平原康司（編著）『ニューミュージックの時代』シンコー・ミュージック、１９９３年
美輪明宏『紫の履歴書　新装版』水書坊、２００７年
宮本啓『サウンドトラック　映画をささえた名曲たち』ヤマハミュージックメディア、２００２年

マイク・モラスキー『戦後日本のジャズ文化　映画・文学・アングラ』岩波現代文庫、2017年
村岡恵理『ラストダンスは私に　岩谷時子物語』光文社、2019年
永井荷風『ふらんす物語』新潮文庫、1951年
永田文夫『世界の名曲とレコード　シャンソン』誠文堂新光社、1984年
なかにし礼『黄昏に歌え』朝日新聞社、2005年
なかにし礼『歌謡曲から「昭和」を読む』NHK出版新書、2011年
長田暁二『歌でつづる20世紀　あの歌が流れていた頃』ヤマハミュージックメディア、2003年
日本放送協会（編）『20世紀放送史』上下巻、日本放送出版協会、2001年
斎藤明美『最後の日本人』新潮文庫、2013年
佐藤剛『美輪明宏と「ヨイトマケの唄」　天才たちはいかにして出会ったのか』文藝春秋、2017年
瀬川昌久『ジャズで踊って　舶来音楽芸能史』サイマル出版会、1983年
関光夫『映画音楽　時の流れとともに』日本放送出版協会、1973年
田川律『日本のフォーク&ロック史　志はどこへ』シンコー・ミュージックロック文庫、1992年
谷川義雄（編）『年表・映画100年史』風濤社、1993年
富田昭次『ホテル博物誌』青弓社、2012年
津金澤聰廣／近藤久美（編著）『近代日本の音楽文化とタカラヅカ』世界思想社、2006年
渡辺芳也『アコーディオンの本』春秋社、1993年

〈CDアルバムのライナーノーツ＝解説文〉
井阪紘『小さな空　武満徹ソング・ブック』カメラータ・トウキョウ、２０２２年
蒲田耕二／小倉エージ『パリ・ミュゼット　ＶＯＬ．１』エピック・ソニー・レコード、１９９３年

〈新聞〉
日本経済新聞「なかにし礼さん死去　昭和の時代　彩る歌謡曲」２０２０年12月26日朝刊
日本経済新聞「文化時評　『パリ祭』に映るシャンソンの未来」２０２１年９月12日朝刊

〈ウェブサイト〉
国立国会図書館：「近代日本とフランス―憧れ、出会い、交流」
https://www.ndl.go.jp/france/jp/index.html
日本シャンソン館：シャンソン・コラム「日本のシャンソン・ブーム」「パリ祭史」他
https://www.chanson-museum.com/chansoncolumn/
アンサンブル・ミュージック：「ミュゼットの歴史」
https://ensemble-shop.jp/?mode=f4
ＮＨＫオフィシャル・サイト：「紅白歌合戦ヒストリー」
https://www.nhk.or.jp/kouhaku/history/list.html
エンタメ特化型情報メディア・スパイス：「美輪明宏が古き良き時代のシャンソンの魅力を語る！」

https://spice.eplus.jp/articles/130238

生明俊雄（あざみ　としお）

ポピュラー音楽研究家。一九四〇年千葉県生まれ。早稲田大学卒業。ビクターエンタテインメント洋楽部長、同映像制作部長、同メディア本部長などを歴任。東京大学大学院（社会情報学専攻）修了。東京藝術大学にて博士号（学術）取得。関西大学大学院講師、広島経済大学教授などを経て現職。著書に『ポピュラー音楽は誰が作るのか』『二〇世紀日本レコード産業史』『タンゴと日本人』『日本の流行歌　栄枯盛衰の100年、そしてこれから』など。

シャンソンと日本人《にほんじん》

集英社新書一一五一F

二〇二三年二月二二日　第一刷発行

著者……生明俊雄《あざみとしお》
発行者……樋口尚也
発行所……株式会社集英社
東京都千代田区一ツ橋二-五-一〇　郵便番号一〇一-八〇五〇
電話　〇三-三二三〇-六三九一（編集部）
〇三-三二三〇-六〇八〇（読者係）
〇三-三二三〇-六三九三（販売部）書店専用

装幀……原　研哉
印刷所……凸版印刷株式会社
製本所……株式会社ブックアート
定価はカバーに表示してあります。

ISBN 978-4-08-721251-8 C0273
Printed in Japan

文芸・芸術——F

現代アートを買おう！　宮津大輔
小説家という職業　森博嗣
美術館をめぐる対話　西沢立衛
音楽で人は輝く　樋口裕一
オーケストラ大国アメリカ　山田真一
証言 日中映画人交流　劉文兵
荒木飛呂彦の奇妙なホラー映画論　荒木飛呂彦
耳を澄ませば世界は広がる　川畠成道
あなたは誰？ 私はここにいる　姜尚中
素晴らしき哉、フランク・キャプラ　井上篤夫
フェルメール 静けさの謎を解く　藤田令伊
司馬遼太郎の幻想ロマン　磯貝勝太郎
GANTZなSF映画論　奥浩哉
池波正太郎「自前」の思想　佐高信 田中優子
世界文学を継ぐ者たち　早川敦子
あの日からの建築　伊東豊雄
至高の日本ジャズ全史　相倉久人
ギュンター・グラス「渦中」の文学者　依岡隆児
荒木飛呂彦の超偏愛！映画の掟　荒木飛呂彦
水玉の履歴書　草間彌生
ちばてつやが語る「ちばてつや」　ちばてつや
日本映画史110年　四方田犬彦
読書狂《ビブリオマニア》の冒険は終わらない！　三上延 倉田英之
文豪と京の「庭」「桜」　海野泰男
アート鑑賞、超入門！ 7つの視点　藤田令伊
なぜ『三四郎』は悲恋に終わるのか　石原千秋
荒木飛呂彦の漫画術　荒木飛呂彦
世阿弥の世界　増田正造
ヤマザキマリの偏愛ルネサンス美術論　ヤマザキマリ
テロと文学 9・11後のアメリカと世界　上岡伸雄
漱石のことば　姜尚中
「建築」で日本を変える　伊東豊雄
子規と漱石 友情が育んだ写実の近代　小森陽一

a pilot of wisdom

安吾のことば「正直に生き抜く」ためのヒント　藤沢 周 編
いちまいの絵 生きているうちに見るべき名画　原田マハ
松本清張「隠蔽と暴露」の作家　高橋敏夫
私が愛した映画たち　吉永小百合 取材・構成 立花珠樹
タンゴと日本人　生明俊雄
源氏物語を反体制文学として読んでみる　三田誠広
堀田善衞を読む 世界を知り抜くための羅針盤　池澤夏樹 ほか
三島由紀夫 ふたつの謎　大澤真幸
慶應義塾文学科教授 永井荷風　末延芳晴
レオナルド・ダ・ヴィンチ ミラノ宮廷のエンターテイナー　斎藤泰弘
モーツァルトは「アマデウス」ではない　石井 宏
「井上ひさし」を読む 人生を肯定するまなざし　小森陽一 成田龍一 編著
百田尚樹をぜんぶ読む　杉田俊介 藤田直哉
北澤楽天と岡本一平 日本漫画の二人の祖　竹内一郎
音楽が聴けなくなる日　宮台真司 永田夏来 かがりはるき
谷崎潤一郎 性慾と文学　千葉俊二
英米文学者と読む「約束のネバーランド」　戸田 慧

苦海・浄土・日本 石牟礼道子 もだえ神の精神　田中優子
万葉百歌 こころの旅　松本章男
拡張するキュレーション 価値を生み出す技術　暮沢剛巳
最後の文人 石川淳の世界　田中優子 小林ふみ子 ほか
職業としてのシネマ　髙野てるみ
演劇入門 生きることは演じること　鴻上尚史
ドストエフスキー 黒い言葉　亀山郁夫
完全解説ウルトラマン不滅の10大決戦　古谷 敏 やくみつる 佐々木 徹
文豪と俳句　岸本尚毅
ＥＰＩＣソニーとその時代　スージー鈴木
ショパン・コンクール見聞録　青柳いづみこ
市民オペラ　石田麻子
新海誠 国民的アニメ作家の誕生　土居伸彰
書く力 加藤周一の名文に学ぶ　鷲巣 力
死ぬまでに知っておきたい日本美術　山口 桂
「鬱屈」の時代をよむ　今野真二
ゲームが教える世界の論点　藤田直哉

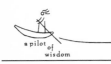